[美] 基恩·泽拉兹尼 | 著　马晓路　马洪德 | 译

用图表说话
麦肯锡商务沟通完全工具箱（珍藏版）

THE SAY IT WITH CHARTS COMPLETE TOOLKIT

清华大学出版社
北京

Gene Zelazny
The Say It with Charts Complete Toolkit
EISBN: 978-0-07-147470-2
Copyright © 2007 by Gene Zelazny

All rights reserved. No part of this publication may be reproduced or transmitted in any form or by any means, electronic or mechanical, including without limitation photocopying, recording, taping, or any database, information or retrieval system, without the prior written permission of the publisher.

This authorized Chinese translation edition is jointly published by McGraw-Hill Education(Asia) and Tsinghua University Press Limited. This edition is authorized for sale in the People's Republic of China only, excluding Hong Kong, Macao SAR and Taiwan.

Copyright © 2013 by McGraw-Hill Education(Singapore)PTE.LTD. and Tsinghua University Press Limited.

版权所有。未经出版人事先书面许可，对本出版物的任何部分不得以任何方式或途径复制或传播，包括但不限于复印、录制、录音，或通过任何数据库、信息或可检索的系统。

本授权中文简体字翻译版由麦格劳-希尔(亚洲)教育出版公司和清华大学出版社有限公司合作出版。此版本经授权仅限在中华人民共和国境内(不包括香港特别行政区、澳门特别行政区和台湾)销售。

版权©2013由麦格劳-希尔(亚洲)教育出版公司与清华大学出版社有限公司所有。
北京市版权局著作权合同登记号　图字：01-2007-2619

本书封面贴有McGraw-Hill Education公司防伪标签，无标签者不得销售。
版权所有，侵权必究。举报：010-62782989，beiqinquan@tup.tsinghua.edu.cn。

图书在版编目(CIP)数据

用图表说话：麦肯锡商务沟通完全工具箱(珍藏版) / (美) 泽拉兹尼(Zelazny, G.) 著；马晓路，马洪德 译. — 北京：清华大学出版社，2013.10（2025.2重印）
书名原文：The Say It with Charts Complete Toolkit
ISBN 978-7-302-33687-7

Ⅰ.①用… Ⅱ.①泽… ②马… ③马… Ⅲ.①企业管理—供销管理—图表 Ⅳ.①F274-64

中国版本图书馆CIP数据核字(2013)第208410号

责任编辑：陈　莉　蔡　琦
装帧设计：周晓亮
版式设计：思创景点
责任校对：曹　阳
责任印制：杨　艳

出版发行：清华大学出版社
网　　址：https://www.tup.com.cn，https://www.wqxuetang.com
地　　址：北京清华大学学研大厦A座　　　邮　编：100084
社 总 机：010-83470000　　　　　　　　　邮　购：010-62786544
投稿与读者服务：010-62776969，c-service@tup.tsinghua.edu.cn
质 量 反 馈：010-62772015，zhiliang@tup.tsinghua.edu.cn
印 装 者：三河市铭诚印务有限公司
经　　销：全国新华书店
开　　本：185mm×230mm　　印　张：16　　字　数：249千字
版　　次：2013年10月第1版　　　　　　　　印　次：2025年2月第28次印刷
定　　价：68.00元

产品编号：055190-05

致 谢

如果我们将"创意"理解为"未发现有剽窃",那么这本书就可以说是有创意的。本书的大多数观点都源自已故的肯尼斯·W. 海默先生(原美国电话电报公司演示研究所管理人),他也是我多年的良师益友。在这里多谢你给予的帮助,肯,我非常想念和你在一起的日子。

不仅要感谢肯,我同样感谢麦肯锡公司,是它给我提供了像家一样的环境,让我能够应用和改进我的观点。我还要感谢麦肯锡公司的数百名专家、顾问,能得到你们的帮助我感到万分荣幸。

最后,我万分感谢所有给予我帮助使我最后能够真正完成本书的人。

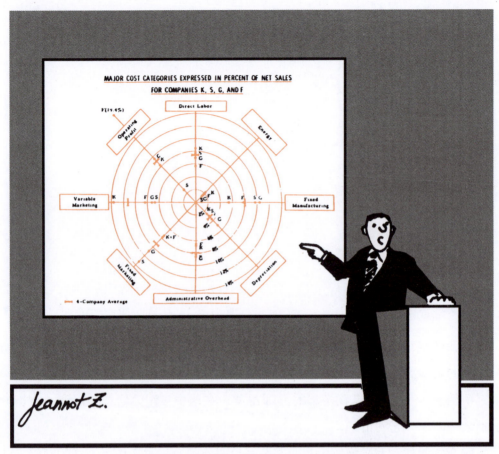

"你想表达什么意思?这幅图又是什么意思?"

绪 论
用图表说话

每月的第三个礼拜二上午9点,是指导委员会的例会时间。这次例会,为调整这天余下时间的行动安排,委员会主席要求这个快速提升上来的经理——就让我们暂且称他为Frank吧——去准备一份有关目前行业内竞争状况和公司业绩的报告,以便确定新的投资方向。

为了做好这项工作,Frank做了许多研究,在其陈述内容的主线上下工夫,而且准备了一系列的可视辅助材料来帮他用图表表达。就像我们中的大多数人那样,Frank意识到图表是一种重要的表达形式。这是因为一旦图表被很好地构思并设计出来,与不把数据制作成图表的形式相比,它能够使我们的交流更加迅速、清晰。

如果图表没有被很好地构思或设计,就像Frank那样,提供的信息就会使我们糊涂而不是更清晰。让我们坐在一起听听Frank的陈述,同时小声地讨论他那"栩栩如生"的图表的有效性吧!

Frank开始了:女士们、先生们,早上好!我的目的是展示公司现在的情况,并且讨论如何提升公司的业绩。我希望在座各位能支持我提出的进军发展中国家的想法。我已经设计好了几个供大家阅读的辅助材料,我打算利用它们把我的观点表达得更加清晰。

首先,我想指出我们正处于一个健康的行业环境下进行竞争。从图0-1中我们可以看得很清楚:图表横向排列了三种类型的公司,纵向排列了11项指标,而且我们可以看到各个公司的业绩都是相当出色的。

你坐在观众中间,怀疑自己的视力是不是下降了,因为你根本无法看清楚那些数字。

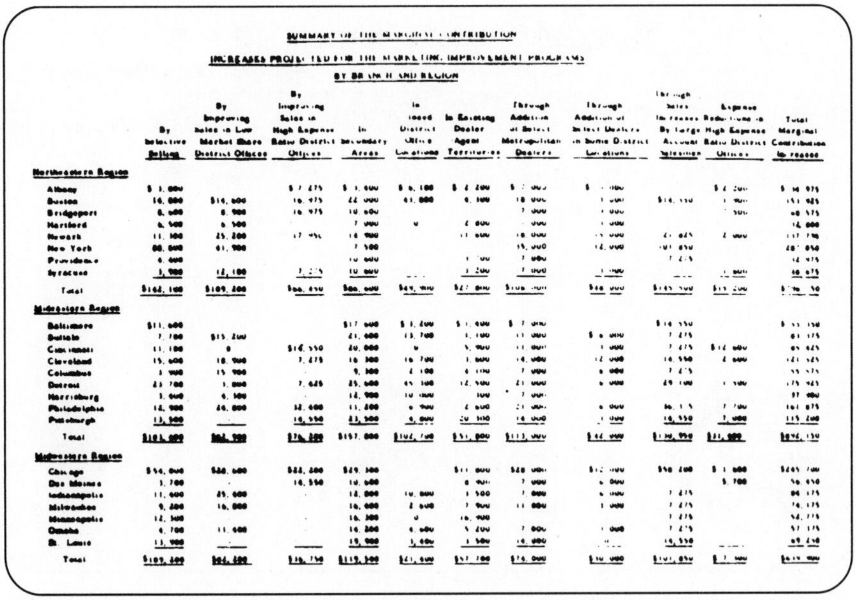

图0-1

Frank接着说：在整个行业中，我们公司的业绩一直是很突出的。例如，2000年以来我们的业绩一直在持续增长，当然，除了2002年因罢工的影响而使业绩有所下降。

"哦"，你惊讶地低声说道，"我刚才错过什么了吗？"我能发誓我听到Frank说销售业绩已经明显地增长了，但我所看到的却是一系列展示主要产品所占市场份额的饼图。哦！等一下，我明白了！他指的是每个饼图(如图0-2所示)下面的数据！

Frank又继续说：与我们的主要竞争对手相比较，我们的投资回报排在首位，已经达到14%……

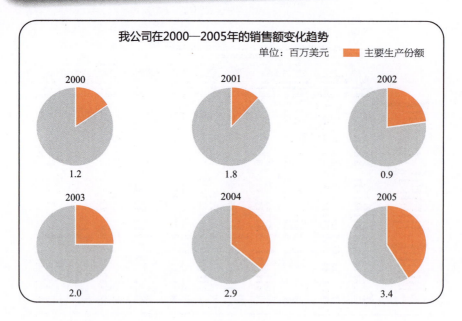

图0-2

"什么排在第一位？谁排在第一位？"你说，"从这个图形(见图0-3)中，我看投资回报率正在上下波动啊……"

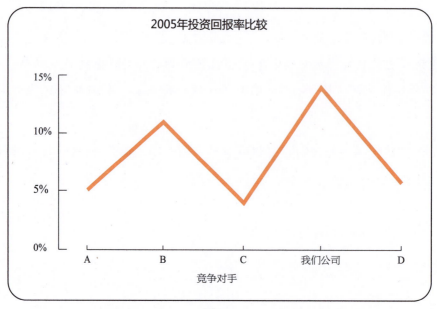

图0-3

而且，自从2000年以来，在其他三个竞争对手丢掉市场份额的同时，我们和另一个竞争对手的市场份额却在增长(见图0-4)。

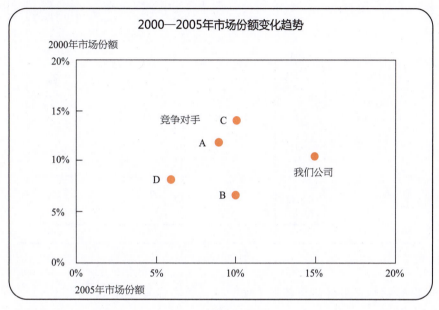

图 0-4

你在受挫的感觉中叹了一口气，"有人在我的橘子汁里放了麻醉剂了么？为什么我感觉我的眼睛和耳朵不是在和同一个人交流呢？难道我正在听取混乱糊涂的信号？我看到的图像与听到的怎么不一致啊？"

Frank继续说下去：在了解了这些销售业绩、ROI和市场份额发展趋势倾向的基础上，我极力建议将我们的产品销售到发展中国家。我们相信这些市场具有相当大的潜力。大家可能看不太明白这个图表(见图0-5)，那就让我解释一下。我所展示的是2005年全球市场情况以及对2015年全球市场的预计。在一系列研究的基础上，我们预计全球的市场将会从80亿美元增长到超过110亿美元。我将构成全球市场的11个国家分列出来，计算出了每个国家所占的份额，然后我又计算出了每年每个国家的年平均增长率，把它们列在中央。正如大家从这些数据中看到的那样，发展中国家预期将显示出最快的增长速度。

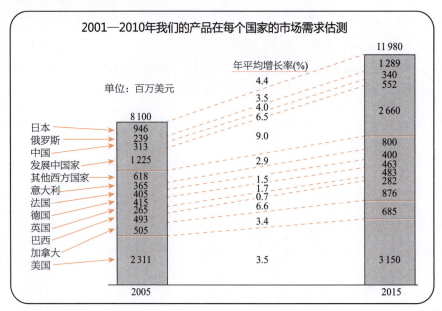

图0-5

这时你感觉有人用肘部轻轻推了你一下,并在你耳边说:

"奇怪啊!这些图片要靠发言者提供很多辅助材料才能让人听明白。我认为一张图片应该相当于1 000个字的说明,而并不需要任何其他补充。"

Frank说:首先我们需要说服高级管理层,让他们确信当地的政治以及社会环境因素不会破坏我们的计划。最近一个针对16位高层管理者的意见调查显示,赞成与反对的意见各占一半。

"现在,你的杂乱无章使我们实在难以容忍,而且你的饼图使我想到午餐后的甜点。"

Frank的意图很正确:他想利用图表来支持他的陈述。但是他的做法效果却很糟糕:他使用的一系列难以辨认、难以理解的图表降低了他的报告价值。我们来回顾一下他用过的图表,看看它们的失败之处。

图0-1难以辨认。就像所有难以辨认的图那样,它患有APK综合症。症状就是报告者更关心的是他把什么东西放进了图表,而不是听众能从中得到什么。

Frank不懂做图表的字体要比报告的字体大4倍，而图表应该比通常表格简洁两倍，这样才能让人一目了然，就好比在开车看到广告牌和阅读杂志读到广告时，你感觉的那样。

而最后一张图，也就是图0-6，却又是另一种极端，它表达的信息是那么简单，完全不必要使用，这个信息完全可以只用文字来单独表达。也就是说，除了这种不必要的使用简单的图进行说明的情况之外，还有很多情况你可以完全不用图表：

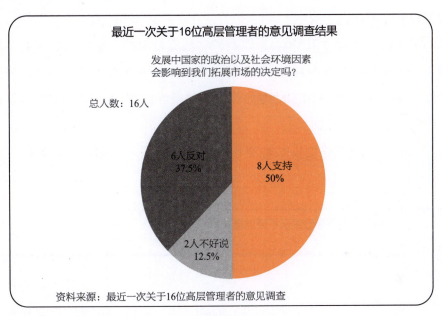

图0-6

1. 有时候图表显示出来的某些内容的精确度，给人的感觉就像大炮发射的范围及射程那样精准，这可能会引起误解。

2. 还有些时候，对于听众很习惯的固定数据模式，比如有关公司的收益与损失情况的列表，如果将列表转换成图形，会使听众感觉很迷惑。

3. 有些人可能会对图表不习惯，或者抵制图表，或者对图表的作用产生怀疑，那么这种情况下就不要使用图表。

使用图表的一条黄金定律是："越简单越好。" 制作图表相当耗费时间与精力，而且，你用的图表越多，能够记住它们的人反而会越少。如果在一个报告中只使用一个图表，那么它会得到100%的听众的注意；而如果你连续使用100个图表，有可能没有一个图表会让你的听众记住。

图0-5，就是描述全球市场的那一个，我称之为"图形化的表格"，既不像图，又不像表格。如果图不起作用，那么我们就希望表上的那些信息能引起人们的注意，但往往在大多数情况下，二者都不起作用。毫无疑问，这个图表能帮助Frank看清不同国家与增长的对应关系。但是，Frank没有将这些帮助他分析的图表转换为更简单的形式。

剩下的图0-2、图0-3和图0-4，有我们将数据转换成一个图形时都会遇到的问题：图形使用错误。在图0-2里，在需要使用折线图的地方他提供的却是饼图；在图0-3里，在应该使用条形图的地方他使用的却是折线图；在图0-4里，应该使用柱形图，而他却使用了散点图。

为了能够更快更准确地反映他要传递的信息，这三个图表应该是以下这个样子的。

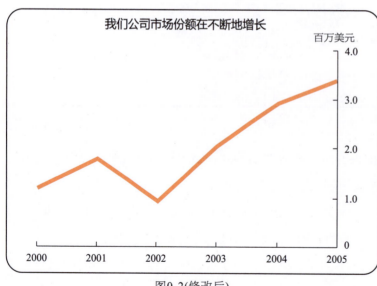

图0-2(修改后)

尽管因2002年的罢工打击造成业绩下滑，但销售额还是从2000年的120万美元增长到2005年的340万美元，如图0-2(修改后)所示。

与4个竞争对手相比，我们在2005年以14%的投资回报率排在首位，如图0-3(修改后)所示。

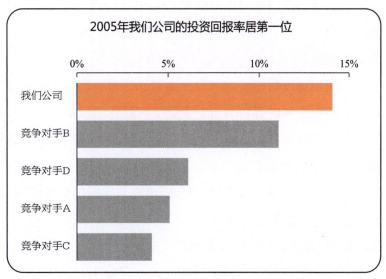

图0-3(修改后)

我们的市场份额已经上涨了4个百分点，从2000年的11%增长到了现在的15%。在我们的4个竞争对手中，A、C和D都损失了市场份额，但B的市场份额有所提升，如图0-4(修改后)所示。

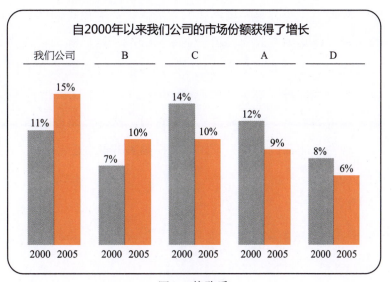

图0-4(修改后)

用图表说话：麦肯锡商务沟通完全工具箱(珍藏版)
The Say it with Charts Complete Toolkit

现在这些图表都发挥了作用。这些图表中提供的信息有力地支持了标题，而标题反过来又补充了图表所论述的内容。在这种情况下，信息出现在图表中要比放在列表中更好。

现在你应该明白这本书的意图了。它的目的就在于通过教你如何选择并使用图表，从而帮助你向听众表达，不管图表是在哪里使用——在你的商业陈述或者报告中，在你的管理信息系统中，在你的电脑绘图软件包里，在你的年度报告里，抑或是杂志或报纸的文章上。

在接下来的第1章，我们将主要研究怎样把数据变成图表的形式。在第2章中，我们将提供一些典型的图表形式以供你借鉴。

在第3章中，我们将会展示给你如何运用概念性的图片来传达信息，以及如何使用视觉性的隐喻。你肯定已经看到，扫描本书封底二维码可以获得配套资源(工具箱)，上面有供你下载的图片。

我说过，图表是一种重要形式的语言。它与其他任何一种语言一样，如果我们想精通，就必须有时间和耐心来学习词汇，然后练习它直到其成为你的习惯。因为多加练习要比单纯口头说说效果好得多，所以我就在书中插入了练习题以方便读者练习学过的课程。另外，第4章提供了附加的练习内容。在这里，我将展示一系列需要改进的图表，要求你自己改进它们，然后再与我的解决方案作比较。

现在，让我们进入关于如何选择图表的课程吧！

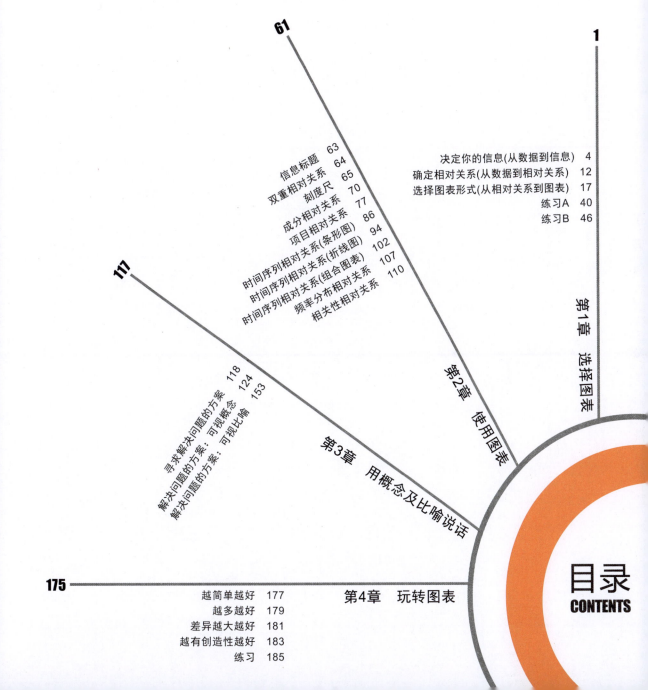

目录 CONTENTS

第1章 选择图表
- 决定你的信息(从数据到信息) 4
- 确定相对关系(从数据到相对关系) 12
- 选择图表形式(从相对关系到图表) 17
- 练习A 40
- 练习B 46

第2章 使用图表 61
- 信息标题 63
- 双重相对关系 64
- 刻度尺 65
- 成分相对关系 70
- 项目相对关系 77
- 时间序列相对关系(条形图) 86
- 时间序列相对关系(折线图) 94
- 时间序列相对关系(组合图表) 102
- 频率分布相对关系 107
- 相关性相对关系 110

第3章 用概念及比喻说话 117
- 寻求解决问题的方案 118
- 解决问题的方案：可视概念 124
- 解决问题的方案：可视比喻 153

第4章 玩转图表 175
- 越简单越好 177
- 越多越好 179
- 差异越大越好 181
- 越有创造性越好 183
- 练习 185

第1章
选择图表

不管我们在各类信息传达方式上见过多少种花样繁多的商业性图表——包括表格、组织结构图、流程图、矩阵以及地图——但是总的来说，只有5种基本形式。我们将它们进行简单展示，它们是：

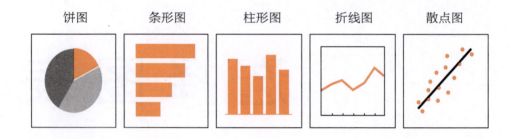

现在知道了我们的目的是什么，要解决的问题是：我们怎样才能达到目的？借着下面的几个图表，让我来总结把数据变为简洁图表的过程。

第1步

决定你的信息
(从数据到信息)

选择合适图形的关键在于你,作为一个设计者,首先,你最重要的事就是明确想要表达的具体信息。

第2步

确定相对关系
(从信息到相对关系)

你决定的信息在一定程度上包含5种基本类别中的一种:成分、项目、时间序列、频率分布及相关性。

第3步

选择图表形式
(从相对关系到图表)

每一种相对关系都会相应引导出5种相对的图表形式。
现在我们详细地讨论每一个步骤。

在头脑中没有任何信息时去选择一个图表形式，就好像蒙起眼睛来识别房间的颜色。

选择使用什么样的图表完全取决于你想要明确表达的信息是什么。并不是数据——如美元、百分比、升或日元等——来决定的图表，也不是计量标准——如利润、投资回报或赔偿金等——来决定图表。更确切地说，应该由你所想要表达的主要信息来决定图表的形式。

为了强调第一个步骤的重要性，请你根据下面右上方方框中的数据(每个公司的区域销售业绩所占的百分比)，在接下来的方框中画出你能想到的尽量多的草图。不必担心准确度的问题，你现在的目的是在翻到后面的答案之前画出尽量多的图表。

第1章 选择图表

练习

利用这些数据画出尽可能多的草图，注意：越多越好。

1月每个地区的销售百分比

	公司A	公司B
北部	13%	39%
南部	35%	6%
东部	27%	27%
西部	25%	28%

你看到的图表可能有的和你画的相同，甚至说你的图表可能更好。但是现在却有一个问题。

你应该选择哪一种图表？

这完全取决于你！完全取决于你想要表达的关键点——你的主要信息。展示出的每一个图表，只是数据简单的组织形式，但我们希望图表最好能强调它的信息。

例如，展示一组饼形图或者是百分比柱形图，那么你所强调的就是：

图1-1、图1-2显示了A公司和B公司的组合销售量不同。

或许你可以使用条形图来表明，按照表格中的顺序对它们进行排列。现在图表强调的是这么一个信息：

图1-3显示了公司A和公司B的销售额所占的百分比随着地域的不同而改变。

从另一方面讲，你也可以将每个公司中销售所占的百分比按照降序(或升序)排列，目的是强调下面的几点：

图1-4显示了A公司的销售额是南部最高，B公司的销售额是北部最高。或者说，A公司的销售额是北部最低，B公司是南部最低。

以区域为中线左右排列各公司的销售情况则表明了：

图1-5显示了A公司在南部的市场销售份额是最高的，然而B公司在南部却是最低的。

通过将条形图按组进行排列，我们现在来比较每个地区的差异。像这样：

图1-6显示了在南部地区，A公司与B公司相比在利润上以一个巨大的差额领先；在东部和西部地区，A和B势均力敌；在北部地区，A则明显落后于B。

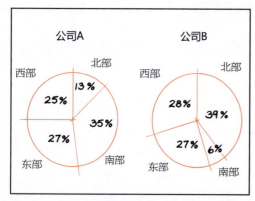

图1-1

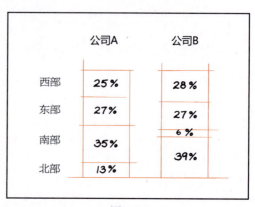

图1-2

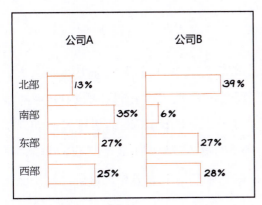

图1-3

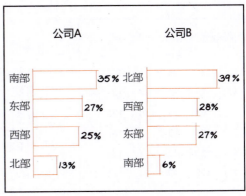

图1-4

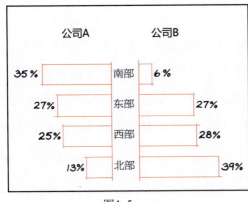

图1-5

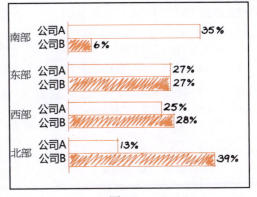

图1-6

现在，我们就可以确定你的信息是什么了，你也许需要绘制许多草图来帮你从各个方面观察各种数据。更加有效的办法则是突出最重要的数据，并且以之确定你的信息。

例如，看着下面这个简单的表格，数据反映的三个方面的信息可被选做重点，并被转换成主要信息的列表。

在图1-7中，你的注意力可能集中在1月至5月的总销售额变化趋势以及销售价格随时间变化的规律，那么你的信息就是"自1月以来销售额正在稳步提升"。

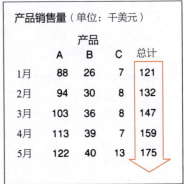

图1-7

产品销售量（单位：千美元）				
	产品			
	A	B	C	总计
1月	88	26	7	121
2月	94	30	8	132
3月	103	36	8	147
4月	113	39	7	159
5月	122	40	13	175

图1-8

如果你的注意力集中于某一个单独的点上，比如集中在5月的数据上(如图1-8所示)，你可能注意到了有关产品A、B和C的销售排名。如果那样的话，那么你的信息可以是："在5月里，产品A的销售额大幅领先产品B和产品C。"

产品销售量（单位：千美元）				
	产品			
	A	B	C	总计
1月	88	26	7	121
2月	94	30	8	132
3月	103	36	8	147
4月	113	39	7	159
5月	122	40	13	175
	70%	23%	7%	100%

图1-9

来看另一份同样是关于5月的数据表(如图1-9所示)，你可能将你的注意力集中于每一种产品占销售总额的百分比上。那么你的信息可能是："在5月，产品A的销售额所占的比例是公司所有产品中最大的。"

要注意最后两个例子，我们使用了相同的数据表却得到了完全不同的信息。强调销售份额还是强调排名是你决定的，而这个决定就是你要表达的信息。

假设你还有本公司的另一份数据。

5月的产品销售额	
销售额/美元	销售数量
<1 000	15
1 000—1 999	30
2 000—2 999	12
3 000—3 999	8
4 000+	5

图1-10

图1-10中列表展示了在同一时间段也就是5月的销售额的大小。那么你的信息可能是："5月大多数销售员的销售额都在1 000美元到2 000美元之间。"

这一组数据如图1-11所示，显示的是销售业绩与销售员工作经验之间的关系。只有两年销售经验的销售员P却有着23 000美元的销售业绩，然而销售员Q有着超过销售员P两倍的销售经验，其销售业绩却只有P的1/4，如此可以显示出这样一个信息："销售业绩与销售员的经验之间没有必然的联系。"

销售员的经验与 销售业绩之间的关系		
销售员	工作经验	销售业绩/美元
P	2	23 000
Q	5	6 000
R	7	17 000
S	15	9 000
T	22	12 000

图1-11

就像我们看到的那样，在完成选择图表形式这一步骤之前，你必须完成决定你的信息这一步。在花费了很多时间与精力完成了这些之后，你就可以将你的信息设定为图表的标题。下面我将详细解释。

在我们看过的很多图表中，标题往往很神秘，比如：

- 公司销售额趋势变化
- 产品地域生产力分布
- 资产分配百分比
- 雇员年龄分布
- 薪水与利润的关系

这些标题描述的是图表的主题，但是它们没有说出与主题相关的要点是什么。销售业绩怎么了？职工的分布情况又如何？薪水与利润之间的关系到底是什么呢？不要把它当成一个秘密，而应该让你的主要信息成为图表的标题。这样做就会减少读者误解你的意图的可能，而且能够确保他们将注意力集中于你想着重强调的那方面的数据。

让我们来看几个例子，它们能够证明将主要信息作为标题的优越性。

在图1-12中，标题陈述出了图的主题，然后让你来决定图所展示出的数据的重要意义是什么。研究这个图，大多数读者很有可能将注意力放在西部，认为这里信息强调的是"西部地区利润占公司总额近半"。

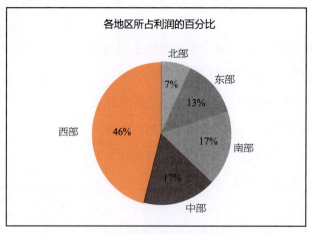

图1-12

但是,那并不一定是设计者想让人们关注的关键点,他(她)想强调的也许是"北部收益份额最小",简单地说,就是用了这种标题,你就很有可能被误解。如果用"北部收益份额最小"来取代原有的标题的话,就会减少读者将注意力集中在我们不想强调的方面的风险。

在第二个例子里(见图1-13),标题仅仅确认了趋势线代表的是订单的数量,它只是为帮助人们在一个报告或陈述中把这个折线图和其他折线图区分开来。然而对于研究趋势,有4个我们可能要注重强调的方面。

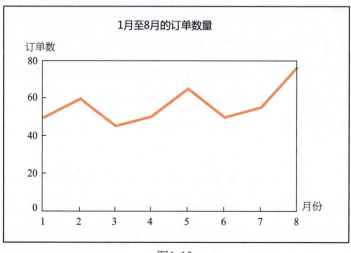

图1-13

- 信息一，订单的数量在增长；
- 信息二，订单的数量在上下波动；
- 信息三，在8月，订单的数量到达了最高点；
- 信息四，在8个月份里，有两个月订单的数量下降。

为了帮助读者理解，我们选择要强调的信息作为图的标题。

信息的题目就好像报纸或是杂志的大字标题；它应该很简洁而且必须切中关键点。与我们刚才看到的隐晦的标题相比，它们所传达的信息也许是：

标题：公司销售额趋势变化

信息：公司销售额翻番

标题：产品的地域生产力分布

信息：C区域的产品生产力排第四位

标题：资产分配的百分比

信息：B预计分配到30%的资产

标题：雇员年龄的分布

信息：大多数雇员的年龄在35岁到45岁之间

标题：薪水与利润的关系

信息：薪水与利润之间没有关系

一旦决定了你的信息，你会发现这个过程变得非常具体。那就让我们继续第2个步骤，确定信息中隐含的相对关系。

在制作图表的过程中，如果第1步从信息开始，而第3步我们将以图表结束的话，那么确定相对关系的过程就衔接在两个步骤之间。

这个认出主要信息的最重要的步骤，也就是从数据中分析出应强调的内容的一步，总是会将你引导至5种基本类型相对关系中的一种。这5种关系我分别称之为成分相对关系、项目相对关系、时间序列相对关系、频率分布相对关系以及相关性相对关系。

让我们来看看如何暗示出每一个相对关系的例子。让我定义一下相对关系并且给予你线索，也就是关键词，从而识别出那些起源于数据的信息。

1. 成分相对关系

在一个成分相对关系里，我们的兴趣主要在于每一个部分所占的百分比。例如：

- 5月，A产品预计将占到公司总销售额的最大份额。
- 2005年客户的市场份额少于整个行业的10%。
- 两项开销几乎占据了公司共有资金的一半。

如果你的信息包括这些词汇："份额"、"百分比"以及"预计将达到百分之多少"，那么你的图表肯定就是一个成分相对关系图表了。

2. 项目相对关系

在项目相对关系里，我们想要比较事物的排列方法。
它们是差不多，还是一个比另一个更多或更少？比如：

- 5月，A产品的销售额相当于B、C销售额之和。
- 销售额中顾客的回报排名第四。
- 6个部门的营业额大致相当。

"大于"、"小于"或者"大致相当"都是项目相对关系中的关键词。

3. 时间序列相对关系

这是我们最熟悉的一种相对关系。我们对每一个部分所占的比例或者是它们怎么排列不感兴趣，而对它们怎么随着时间变化感兴趣：它们每星期、每月、每季度和每年的变化趋势是增长的、减少的、上下波动的或者是基本保持不变。例如：

- 自从1月以来销售额稳定增长。
- 投资回报在过去的5年里急剧下跌。

- 利率在过去的7个季度里起伏不定。

你的信息里的词语包括"变化"、"增长"、"提高"、"下降"、"减少"、"下跌"和"上下波动"。

4. 频率分布相对关系

这种相对关系显示的是，各数值范围内各包含了多少个项目。例如，我们用一个频率分布来表明有多少员工的薪水少于，比如说，30 000美元，又有多少人的薪水在30 000美元到60 000美元之间，等等；或者是小于10岁的人口有多少，10岁到20岁之间有多少，20岁到30岁之间又有多少，等等。典型的信息可能为：

- 在5月，大多数地区的销售额在1 000美元到2 000美元之间。
- 大多数的出货要5到6天的时间交付。
- 我们公司员工的年龄分布与我们的竞争对手相比有很大的不同。

这一类相对关系的有关术语有："从X到Y"、"集中"、"频率"与"分布"等。

5. 相关性相对关系

相关性相对关系显示的是两个变量的关系是否符合你所要证明的模式。例如，你可能预期利润和销售额同比增长，你也会预期销售额随着折扣幅度的增长而增长。

当你的信息包括"与……有关"、"随……而增长"、"随……而下降"、"随……而改变"、"随……而不同"等，或者反过来说，比如"不随……而增长"等，那么可以肯定你所展示的是一个相关性相对关系，例如：

- 5月销售业绩显示出销售业绩与销售员的经验没有联系。
- 首席执行官(CEO)的薪水并不随着公司规模的变化而改变。
- 订单的大小与客户的收入成正比。

这样一来，我们就知道了信息中包含的5种关系，简单地归纳如下：

- 成分：占总体的百分比。
- 项目：项目的排名。
- 时间序列：如何随着时间变化。
- 频率分布：项目的分布情况。
- 相对性：变量之间的关系。

头脑中有了这些印象，再加上手中的一支铅笔，你就可以研究下面的12种典型的从列表中得到的信息了。如果必要的话，你可以寻找线索，回顾刚才我们所讨论的例子，然后与后面的答案对照。

1. 预计在今后10年多的时间里销售额将增长。

2. 雇员的最高工资额在30 000美元到35 000美元之间。

3. 汽油并不是牌子越响价格越高其性能就越好。

4. 6个区域在9月的营业额大致相同。

5. 销售部经理在他的领域内只花费了他15%的时间。

6. 奖金的多少与工龄长短无关。

7. 去年，人员更替主要发生在30～35岁的年龄段。

8. C区域的产品生产力排名垫底。

9. 我们公司的平均收入份额正在下降。

10. 制造业占有资金的最大份额。

11. 利润率与工资之间有一定的关系。

12. 两种产品在8月的产值远远超过另外6种产品。

答　案

1. 时间序列	5. 成分	9. 时间序列
2. 频率分布	6. 相关性	10. 成分
3. 相关性	7. 频率分布	11. 相关性
4. 项目	8. 项目	12. 项目

通过对于从数据到信息，以及从信息到相对关系的理解，我们现在已经准备好了进入最后一个步骤——从相对关系到选择最适合你的信息的图表形式。

如上所述，不管你的信息是什么，5种图表中总有一种是适合你的。这应该是毫无疑问的，不管你的相对关系是什么，它总会将你引至5种基本图形中的一种：饼图、条形图、柱形图、折线图和散点图。

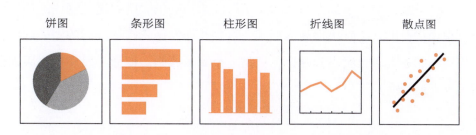

我发现饼图是最受欢迎的图表形式。但实际上它并不应该这样受欢迎，因为它是最少使用的一种图表，在所有的陈述和报告中其使用率应少于5%。

从另一方面说，条形图是最不受赏识的一种图表。而其实它应该受到更多的关注，因为它是最通用的一种图表，应该在所有的图表使用中占到25%。

我通常将柱形图比喻为"老好人"，把折线图比喻为"苦力工"，它们在所有的图表使用中占到一半。

而散点图的使用乍看之下有些不可思议，其使用率为10%。

上述图表的使用率总计为90%，其他的剩余部分为图表的综合使用。我应该提醒你的是这些图表可以联合使用——比如说，折线图和柱形图联合或者是饼图和条形图联合。

每一种图表形式，都对应一种适合用来描述的相对关系。

下面这个矩阵解释的是初步选择，下面有5种基本的图表形式，顶端写着的则是5种我们刚刚讨论过的相对关系。对于时间序列和频率分布来说，如果只有很少的(大概六七个)数据点，那么就使用柱形图；如果你有很多数据的话，可使用折线图。在一个相关性相对关系中，使用一个条形图只能显示非常少的数据，可是使用散点图却能显示很多。

下面通过观察矩阵接着研究我们的问题，看看为什么某种相对关系要对应使用某种图表形式。在这个过程中，我们将讨论大多数图表制作方法以及怎样根据附加的数据进行相应的变化。

特别提醒大家记住一点，选择图表，尤其是使用图表，不是一门绝对精准的科学。所以你应该注意使用你的限制性的词语，如，多使用诸如"一般地"、"恰巧地"、"大多数情况下"或"少数情况下"等这些词语。所有这些词语的使用说明你必须根据自己的判断来决定图表形式。这些在你的矩阵中被陈述的图表选项，以及我们对你制作大多数图表的建议，只是一个基本原则。但你会发现这些原则会给你提供很大的帮助。

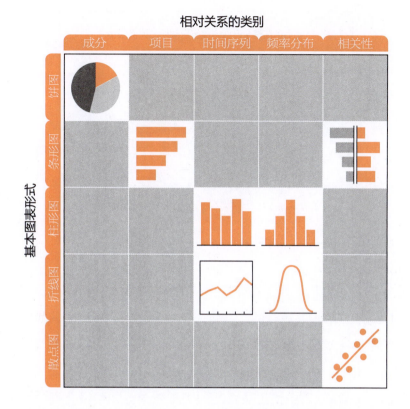

接下来我们将讨论每一种相对关系以及它们所适用的图表形式，现在，我建议你先跳到第2章看看，在那里，我介绍了几个很具有代表性的范例。浏览这些设计合理的图表你就能知道用好的构思设计的图表是多么有效。

1. 成分相对关系

成分相对关系最好使用饼图。因为一个饼形能够给你一种整体的形象，如果你的目的是展示每一部分所占全部的百分比，例如，在展示组成行业的各个公司时（见图1-14），饼图就是你的唯一选择。

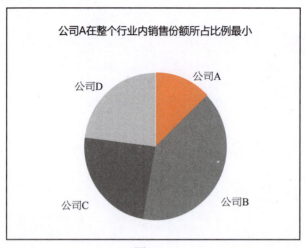

图1-14

为了使饼图尽量发挥作用,在使用中不宜多于6种成分。如果你使用的成分超过了6种,那么就选择6种最重要的,并将未选中的列为"其他"的范畴。

因为人的眼睛比较习惯于按顺时针方向进行观察,所以应该将最重要的部分放在紧靠12点钟的位置,并且使用强烈的颜色对比以显示突出(例如在黑色背景下使用黄色),或者在黑白图表中使用最强烈的阴影效果。如果没有哪一个部分比其他部分更加重要,那么就应该考虑让它们以从大到小的顺序排列,并且以同一种颜色或者干脆不使用阴影来绘制图表的每一个部分。

总之,饼图是5种图表形式中最少使用的一种。但同时也是最有可能被滥用的,或者说是乱用的。

例如,在下一页中我提供了几种多年来,我在各种各样商业陈述、报纸、杂志和年度报告中发现的使用得非常荒谬的饼图。我也承认这些例子非常具有想象力而且很吸引人,并且图的元素丰富,只是例子D稍有些恐怖。但它们却体现了"形式比内容更加重要"这种错误的典型例子,因为它们并没有展示出一个精准的视觉效果,所以只是图表制作得比较好看而已,徒具其表。

让我再强调一遍,我们最初使用图的目的是使阐明关系的过程比使用列表更快捷更清晰。当图的形式比内容更加突出——就是说当图表的设计干预了听众或者读者对内容的掌握时，就会影响他们做出正确的判断。

让我们放松一下，做一个练习，检测图表作为辅助材料是否有效。为了使这个过程更加准确，你必须承诺按第一直觉作答；记录下你的第一视觉印象。在每一个例子中，从上部开始，然后逐步往下看，并快速填写出每一个部分所占整体的百分比，然后将每一部分加到整体上。最重要的，你不能往回看，也不能修改，而且你也不能改变主意，因为在这个过程中你没有时间去思考。

在下面的6张图中，把每一个部分所占的百分比填上去并把它们加起来。

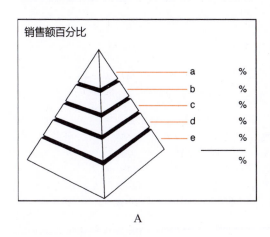

A

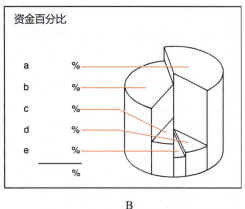

B

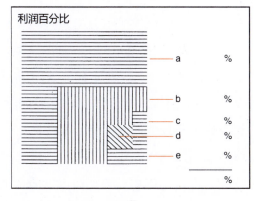

C

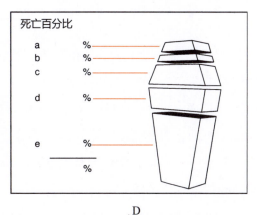

D

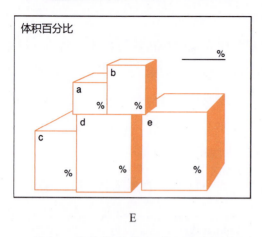

E

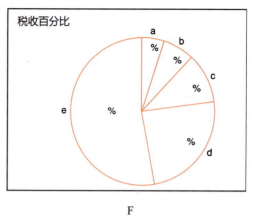

F

现在,将你的估算与实际数据比较一下吧!

	A 销售额 百分比	B 资金 百分比	C 利润 百分比	D 死亡 百分比	E 体积 百分比	F 税收 百分比
a.	5%	37%	58%	7%	7%	5%
b.	7%	31%	32%	6%	15%	7%
c.	11%	10%	3%	17%	18%	11%
d.	24%	14%	4%	16%	25%	24%
e.	53%	8%	3%	52%	35%	53%
	100%	100%	100%	100%	100%	100%

如果你的结果与这些数据差异巨大——至少在图A至图E中——那么就可以肯定图没有发挥我们想要它发挥出的作用。我给我的很多同事做过这个测试,你的结果与他们的应该会很相似,很少有最后加起来正好是100%的。加起来少于100%的和多于100%的结果一样多。在最极端的例子中,有些数据加起来少的不足45%,多的甚至有超过280%的。即使有人得到了相同的结果,他们每一个部分的比例也不尽相同。

然而另一方面,几乎所有人都能够准确地估算出例子F中每个部分所占的百分比,即纳税所占比例。它使用了一个传统的饼图。在这个图中,人们可以很清楚地看出a部分占整体大概为5%左右,b大概为25%左右,e部分大概比50%多一点。然而实际上,图F是基于同图A同样的数据绘制的。我只不过是改变了一下标题,看看会产生什么效果。比较一下你填在图A上的数据以及填在图F上的数据,然后记录一下由于图形式的不同造成的差别有多大。

在这个练习中你应该得到这样一个启示：如果你的目的是表达精确的对比关系，那么请克服你强烈的创造欲望，并且使用传统的饼图。或者将你的创造力充分利用在版面设计上，以及字体、背景颜色的选择上。

一个饼图比一个100%的条形图或100%的柱形图优越的地方，在于它能够清晰地展示一个整体。但是，一旦你需要比较两个或两个以上整体的内容时，不要犹豫，马上选择100%的条形图或者是100%的柱形图。下面的例子道出了个中原因（见图1-15）。

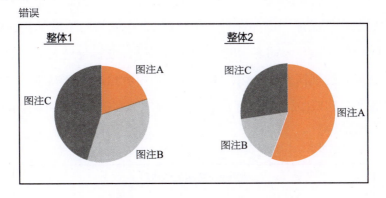

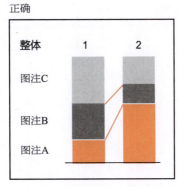

图1-15

注意观察图注，在两个饼图中使用时，必须重复显示。当然，我们可以使用符号注释。但是这种做法会强迫你的读者前后反复对比来看，以明白到底图中的哪一部分对应于哪一部分。同样，尽管阴影或颜色能帮助读者区分这三种成分，但他们的视线必须从一个图到另一个图前后移动不断对比，才能掌握它们之间的关系。

通过使用两个100%的柱形图，我们就减少了很多麻烦。现在图注只需出现一次，对比性也增强了，在这里，我们使用了连接线加强了它们之间的联系，使其在外观上更加明显。

2. 项目相对关系

项目相对关系可以用条形图来表示。纵向维度并没有刻度值，它们使用的都是标示过的项目——例如国家、产业和销售员的名字等。按照你想强调的方式可以把条形图排列成任何顺序。例如在对一个公司与5个竞争对手的销售业绩进行比较时，条形图的顺序可以是公司名字的字母排列顺序，或者是进入本产业的时间先后顺序，或者是销售的规模大小顺序，再或者是回报数量的高低顺序。这个例子就是按客户回报率从高到低(或者从最好到最坏)的顺序排列的(如图1-16所示)。

条形图

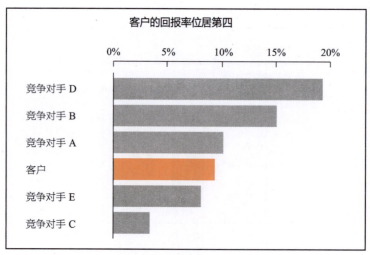

图1-16

在准备条形图的过程中，要做到保持条形图之间的距离比条的宽度小。使用最能形成对比的颜色及阴影来强调重要的项目，以此来强调信息的标题。

为了突显数值，可在顶端(或者在底端)使用一个刻度尺，或者在条形末尾标注数字，但是注意不要两者同时使用。如果你只是想简单标示项目间的关联，可用刻度尺；如果数字对你很重要，就使用数字。有时，使用刻度尺的同时标示一个需要特殊强调的数值，也是个好办法。但同时使用刻度与数字，那是毫无用处的，而且还只能给你的条形图增加混乱，这时你就应该使用柱形图和折线图来避免麻烦。

展现这些数字的时候，应该注意将小数点以后的数字省略，因为它们对你的信息几乎没有影响；12%明显要比12.3%或12.347%更容易被听众记住。

为了表现条形图的多样性，这里我提供了6种形式各异的图表形式，每一种都提供了附加的信息。怎样利用这些各有特色的图表，在这一节的下一个部分中就有图解说明，也许你现在就想看一看，你一定想将它们添加到你的图表储藏库中。

有时，你可能想用柱形图来代替条形图，用垂直的条形图来代替水平的以表明一个项目的相对关系。其实这样做并没有什么错。但是，在占90%的大多数情况中，有两个原因你不应该使用柱形图。第一，通过使用条形图可以减少把项目的对比关系误解为时间序列相对关系的可能，使用柱形图则更适合表现时间序列相对关系。为了增强区分感，我们尽量减少使用条形图展示随着时间的变化关系。在西方文化传统中，我们更习惯于使用时间从左到右的顺序，而不是从上到下的顺序。

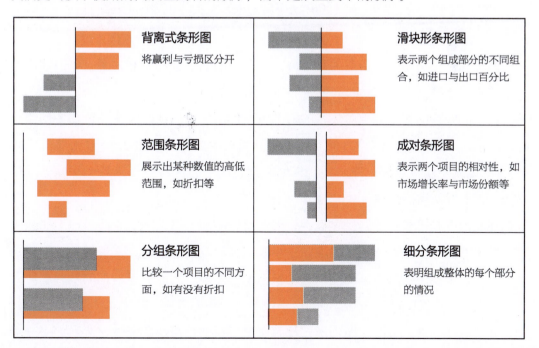

第二个原因是比较实际的。通常，项目都有着冗长的图注，例如版图上的东北、西南，产业上的农业、制造业，销售员的姓名等，都需要很多的空间。注意两个例子你就可以看到(如图1-17所示)，左边的条形图留有很多的空间可以写名称，而在右边的柱形统计表则不然，它经常会出现一个词写在两行的情况，因而增加了观察者识别的困难。

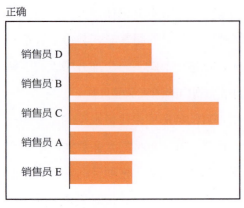
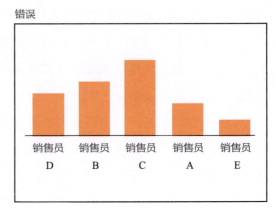

图1-17

3. 时间序列相对关系

成分相对关系和项目相对关系能展示在同一时间点上的相互关系。而时间序列相对关系则能够展示出随着时间变化而变化的关系。

最好的阐释时间序列相对关系的方式就是使用柱形图或折线图，选择使用哪一种，这取决于用哪一个比较方便。如果你的图表中只有少数的几个点(比如，7到8个)，那么就使用柱形图；反之，如果你必须在图中展示20多年来每个季度的变化趋势，你最好使用折线图。

在柱形图与折线图的选择过程中，你也可以考虑一下数据的本质。柱形图强调的是数量的级别，它更适合于表现在一小段时间里发生的事件，产量的数据很适合这个领域。折线图强调的是角度的运动及图像的变换，因此展示数据的发展趋势时最好使用它，存货量就是一个很好的例子。

除了这些差别，每一个图表形式都有着其自身的特点及多变性，让我们来分别研究一下(如图1-18所示)。

柱形图

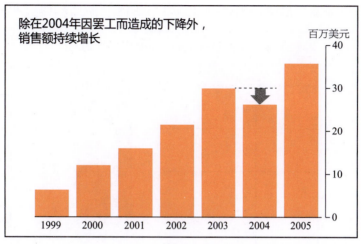

图1-18

关于充分利用条形图的建议也同样适用于柱形图。要尽量使柱形图之间的距离小于柱形图的宽度，要使用颜色及阴影以示强调、区分与时间有关的数据。

就如条形图，还有几种柱形图的变体也是有效工具，第2章将展示其多样性(如图1-19所示)。

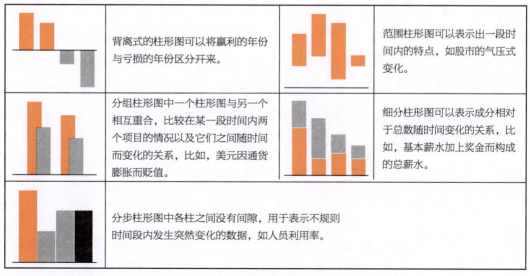

图1-19

折线图

毫无疑问，折线图(见图1-20)是5种图里使用次数最多的一种，而且也最容易绘制，最简洁紧凑，最能清楚地表现上升、下降、波动和保持不变等趋势。

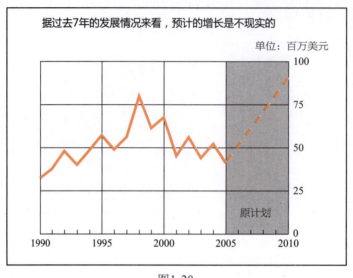

图1-20

当准备一张折线图时，要确保趋势线一定要比基线画得更粗，而且基线比坐标线要粗。

想象一下，你要负责一场体育比赛的裁判工作，就可能要使用成绩参考图。为了帮助观察者方便查阅，你会使用垂直的坐标线来表示历史上的比赛成绩以及预计未来的成绩增长，或者说是强调某一段时间的增长。你也可能绘制一些水平线来帮助观察者看清楚参考值。总而言之，这些事情要你自己来决定。

折线图的变体只有两种类别，远远少于条形图及柱形图，但是它们的重要性却很值得进行更多的讨论。

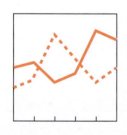

分组折线图可以用来对两个及两个以上项目相对关系作比较。为了把你们公司与竞争对手区分开，在趋势对比图中，代表你的公司的那一项上使用能产生强烈对比的颜色及最粗的实线，对其他公司则使用对比程度上稍微次一点的颜色和虚线。

问题的关键是我们在图表中可以用多少条趋势线而不至于

使其看上去像是意大利面条(见图1-21)。那就让我们现实一点，有8条趋势线的图表对于有4条趋势线的图表来说，并不具有两倍的有效性，相反却很有可能产生两倍的混乱。

解决这种混乱的方法就是针对每一个竞争对手趋势图分别配对，并制成一个较小的图表(见图1-22)。我承认，这样会使图表的数量大大增加，但与原来的相比，每一张图表还是简洁多了。

像意大利面条一样的折线图

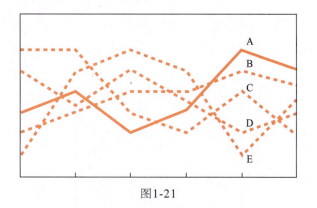

图1-21

这样解决问题

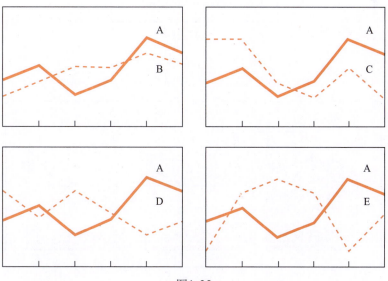

图1-22

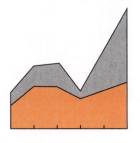

通过在趋势线及基线之间添加颜色或者阴影，我们制作出了表面图。将表面细分我们就得到了表面细分图，就像细分的条形层及柱形图那样，它将表面数减少至5面或更少。如果超过5个表面的内容的话，那么就选择4个最重要的，并将剩下的列为"其他"范畴。

在所有细分的图表当中，将最重要的部分放在紧靠基线的地方，因为这是唯一一个从直线开始测量的图形，其他部分则以此为基础增加或减少(如图1-23所示)。

和应对那个意大利面条式的图表一样，搞清各个层表面关系的方法就是把它分解成一个个独立的部分，将一个细分的图表简化至单一的表面图(如图1-24所示)。

从细分折线图

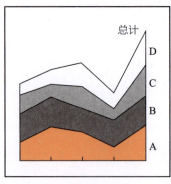

图1-23

到简单的表面图

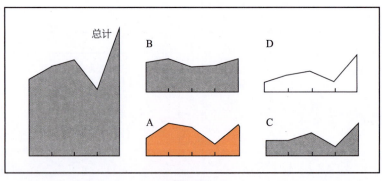

图1-24

4. 频率分布相对关系

一个频率分布相对关系展示的是有多少项目(频率)会落入一个具有一定特征的数据段当中(分布)。

这种类型的相对关系有两种主要的应用，第一种是在所有样本中进行归纳。在这里，频率分布相对关系是用来预测风险、可能性或者机会的。一种用途显示货物在5天以内交付的可能性为25%；另一种描述确定性(不确定性)，比如说，在掷骰子游戏中，在所有的可能性中猜七点的概率(可能性只是1/6)，如图1-25所示。

所有可能结果及所占的百分比

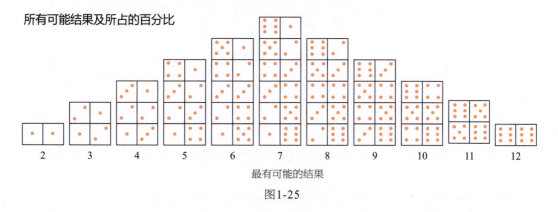

最有可能的结果

图1-25

这个"钟形"曲线及频率多边形的运用是依据数学原理制定的。请你根据统计学来设计它们。既然这些曲线只是为了分析的目的做初级使用，所以在这本书中就不做过多考虑了。

第二个应用，在商业陈述及报告中经常被用到，就是总结大量的数据来帮助证明一些有意义的关系(例如，25%的货物将会在5到6天内交付)。这个应用在人口统计学上相当常见，例如通过工资水平来统计各层次雇员的数量(如图1-26所示)，或者通过收入水平来给美国家庭分类，或者通过年龄段来划分投票方式。这种频率分布图表的使用相当普遍，频率分布图表在年度的人口普查及每四年举行一次的总统选举中都会用到。

柱形图(频率分布柱形图)

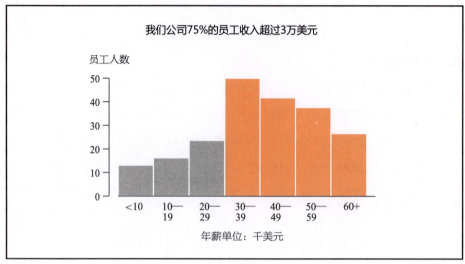

图1-26

在这里,最能诠释频率分布图表的是阶梯式柱形图或折线图,当只使用几行数据时,例如5～7个数据时,柱形图要好一些,而当数量很多时最好使用折线图(如图1-27所示)。

折线图(频率分布折线图)

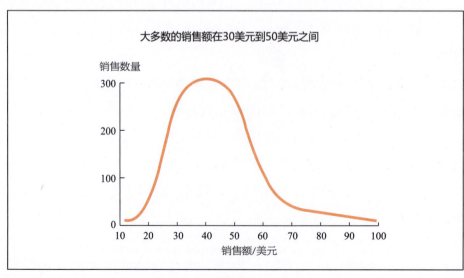

图1-27

这种图表有两个维度：垂直的是项目或事件的(频率)数据(有时是百分比)，水平的是各个范围内的分布情况。而对后者我们尤其需要注意。

范围的大小。范围的大小以及各组的数量在引导出分布模式时是很重要的，组数太少则不够明显，太多则会破坏其作用。总的来说，数量应不少于5组并不多于20组。只要在这个范围内，不管怎样都能够找到一定的组数证明你所要论证的信息。例如，如果我们想要设计在50个州中每个公立学校教师的年收入分布图的话，可看下图：
以500美元为一个增长点绘制，
模式不是很明显(如图1-28所示)。

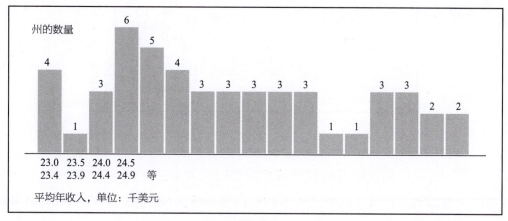

图1-28

以1 000美元为一个增长点绘制的图表，模式有些清晰了(如图1-29所示)。

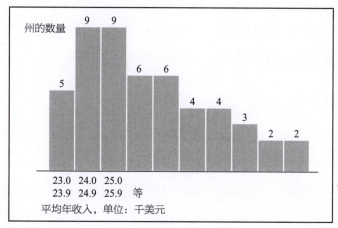

图1-29

但是只有以2 000美元为一个增长点的图表才能看到与频率分布图表结合的最佳形状曲线(如图1-30所示)。在这个例子里，曲线向左倾斜，也就是说，向更低的数据倾斜，预示着一个可能的信息，几乎半数州(50个中的23个)，教师的年薪低于26 000美元。

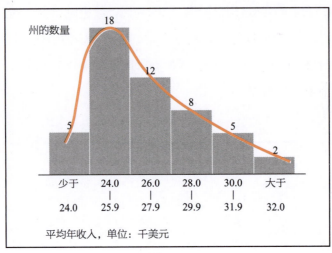

图1-30

分组的大小。最好使用规模大致相同的组，如果一个分组的范围是5美元，而另一个是20美元，那么这个分布图的整体形象就会被打乱。但当数据不是平均按段记录的时候，就会出现例外(例如，教育水平)。再如有时不均等的分布会给人以更好的感觉，例如个人收入的税级。由于收入的范围很广而且低收入的人群远远要比高收入的人群数量多，采用相等的间隔并不起作用；以1 000美元为划分标准列出的图表会有好几米长，而40 000美元则几乎把所有人都放在了第一个区间内。如果低收入部分间隔小一些而高收入的间隔大一些，图表看上去就很明了。

清晰地标注。对组的规模应该予以清晰的解释。"重叠的"标注，例如0～10，10～20，20～30，并不能说明哪些组有重复的数据。在连续的数据中，例如以美元计算的销售额，首选的便是小于10.00美元，然后是10.00～19.99美元，20.00～29.99美元，等等。在离散的数据中，例如生产的汽车数量，最好的分组方法应该是10，10～19，20～29，等等。

频率分布柱形图与频率分布折线图都可以分组表明，例如，按照年份的分布图，或是与你竞争对手雇员的平均年龄分布相比。同样，当需要使用绝对数值时，它们就能够使用细分以表明每一个竞争对手的情况(如图)。①

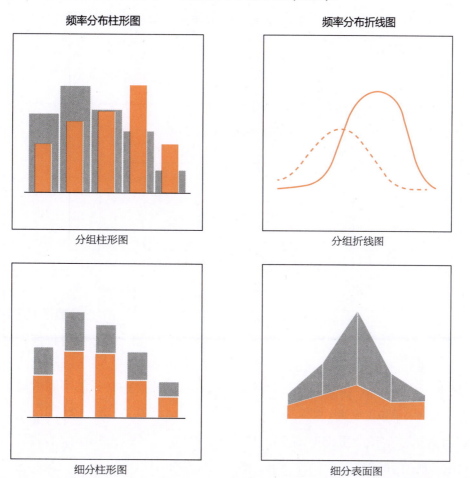

5. 相关性相对关系

一个相关性相对关系显示的是两种变量符合或者是不符合你所希望出现的模版。例如，你认为具有较多经验的销售员会比经验较少的销售员业绩要好，或者你

---

① 注意：当频率分布图强调的是百分比时，将频率分布图再细分就会产生误导。例如，如果60%的妇女每小时挣5~10美元，而且这与50%的男人的收入数据相同，则不能说成是110%的人每小时挣5~10美元。

会认为学历较高的雇员会有较高的底薪。此类的比较最好使用散点图，散点图有时称为点状图。或者我们可以使用一个成对条形图。下面让我们逐个进行分析。

在图1-31中我们展示了依据16种不同折扣对应的销售数量。通常情况下，也许你会以为折扣越多，购买的动机就越大。但正如这个散点图所显示的那样，它们之间并没有直接的联系。

散点图

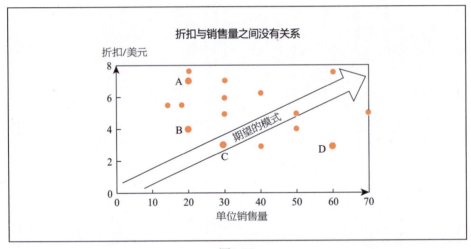

图1-31

例如，研究标注为A和B的两个圆点，展现出了两个销售员的不同做法。他们都卖出了20个单位的数量(水平维度)。不管怎样，A提供了7美元的折扣，然而B只提供了4美元的折扣(垂直维度刻度)。从另一方面说，销售员C和D都只提供了3美元的折扣，而销售员C售出了30件产品，然而D的销量却比C高出两倍。很明显，折扣的数额与销量之间并没有很明显的关系。

如果存在相关性的话，图上的点应该分布在从图表的左下角到右上角的对角线附近，在这里用一个箭头来表示这条斜线。通过这一箭头来表示预期模式会有很好的效果。当然，有些时候，箭头也有可能由上到下。例如，在价格下降的同时销售量增长。还有，不要把箭形图与数学上的"最佳拟合线"相互混淆，散点图曲线强调的是图形的价值。

这种散点图越来越多地在演示、报告和一些商业杂志中使用。如果你打算使用的话，那么在展开你的观点之前，要耐心地向你的听众们解释如何来理解。

使用散点图除了显得很混乱以外，麻烦之处还在于如何识别这些图表中的圆点。将每个销售员的名字写在代表他们的点的旁边，这样不仅会给制表带来麻烦，还会让观察者看不清楚。一种解决方案就是使用图注——将每个人的全名用数字与字母展示，而把名字写在图表以外的地方。另一种更好的选择便是使用成对条形图（见图1-32）。

条形图

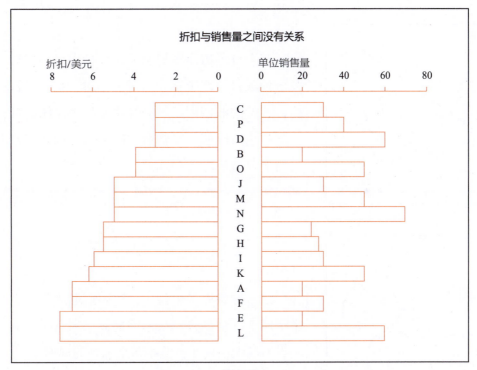

图1-32

你会注意到现在每两对条形图之间都有一定的间隙。在一个成对条形图中，我们通常将独立的变量以从高到低或从低到高的顺序列在左边。当真实情况和我们预计的模式一致时，右边的条形图就会形成左边自变量的一个镜像。

换句话说，就是低的折扣会映射低的销售额，而很高的折扣则会映射高的销售额。如果这个关系并不符合我们预期的模式，那么两对条形图就会互相偏离，就像在这个例子中显示的那样。

这个成对条形图方案只在数据组较少时才会起作用。如果数据超过了15组甚至更多，那么你最好不要再标记出每个点，应该换为使用一个更加紧密的散点图。

虽然成对条形图没有什么变体，
但散点图却有几种变体应该说一说。

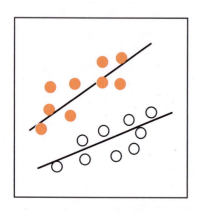

这个分组散点图显示的是两种项目的相对关系及一种项目在两个不同时期的相对关系。尽管在这里，我们同时使用了实心及空心的散点图，其实我们同样也可以使用其他合适的符号，例如正方形、三角形或者星形。

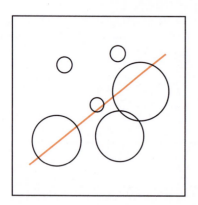

第三种是许多半径不一的圆所形成的泡泡图。举个例子，维度分别表示销售额和利润时，就可用圆点半径大小表示行业中各个公司的规模。

时间散点图展示的是随着时间而改变的相对关系。记住不要把这些变化都放在一个图表中,应该把它们放入自己的图表当中来证明(如图1-33所示)。

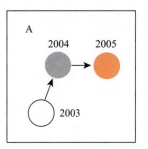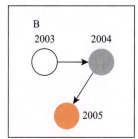

图1-33

以上是所有变体的综合应用。

提醒你一句话:要注意尽量简化散点图,以免将它们画成米老鼠或者是星球大战(如图1-34所示)。

图1-34

以上就是反映在你的信息中的5种基本相对关系,以及最适合表现它们的图表形式。

为了保证你能够在实际案例中运用它们,可以在以下的两个练习(练习A和练习B)中检验一下你自己。接下来,学习第2章的内容,并且学以致用。

练习 A

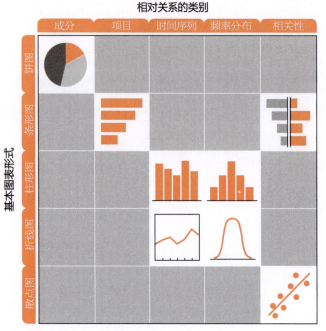

回过头看看在第2步的末尾我们的打算，即确认相对关系，并且为12条信息选择合适的图表形式。

接下来有12条信息以及你确认的相对关系。通过参照矩阵图的方式选择合适的图表，然后画出你所要用来表达信息的图表草图(如图)。

在你画出草图的同时，在心里谨记两个我们曾经提到过的要点：

1. 并不是数据或尺寸决定你应该使用哪一种类型的图表，而是你想要表达的信息决定你使用什么样的图表。例如，在例子4、6和7中你会注意到，我们想要表明的是时间的维度。但是对于每一个例子，所包含的相对关系都是不同的，因而引导出不同的图表形式。所以将你的注意力集中在信息中的关键词上。在本练习后面的参考答案中，这些关键词都划了下划线。

2. 即使我们现在没有数据，你也能够通过一种被我的同事称为"将信息形象化，而不是把它弄乱"的解决方案，来决定使用哪一种图表。

   测定图表是否有效的最简单的办法，就是在完成图表后问问你自己："我能看出图表的主题是什么吗？"换句话说，图表与标题是否起着相同的作用？图表的内容是否支持着标题？标题是否能增强图表的说明性？所以，如果我的标题是"销售量大幅度增长"，那我们应该看到的就是一种尖锐的上升趋势。如果不是，比如趋势线和基线平行，那么就说明这个图表还是有问题的。

我的解决方案就在信息后面。不要因为在一个时间序列相对关系或频率分布相对关系中我使用的是一个柱形图而你用的是一个折线图，或者是在一个相关性的相对关系中你使用的是散点图而我使用的是成对条形图而感到沮丧。因为在我的解决方案中，没有绝对正确的答案。

1. 预计未来10年中销量将得到增长 时间序列	2. 大多数员工的薪水在3万美元到3.5万美元之间 频率分布
3. 并不是价格越高的汽油质量就越好 相关性	4. 6个部门在9月的资金周转率大致相当 项目
5. 销售部的经理在这一领域只花了他15%的时间 成分	6. 奖金的多少与工作时间的长短无关 相关性

7. 去年的人员更替主要在30~35岁这个年龄段中进行 频率分布	8. C区域在产量上居于最后一名 项目
9. 我们公司的每股收益率正在下降 时间序列	10. 资金的大多数都用于生产部门 成分
11. 利润与薪水之间有一定的关系 相关性	12. 两个车间在8月的产量超过了其他6个车间之和 项目

用图表说话：麦肯锡商务沟通完全工具箱(珍藏版)
The Say It with Charts Complete Toolkit

1. 预计未来10年中销量将得到增长
时间序列

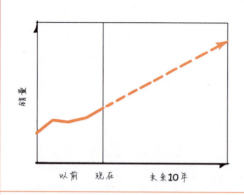

2. 大多数员工的薪水在3万美元到3.5万美元之间
频率分布

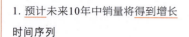

3. 并不是价格越高的汽油质量就越好
相关性

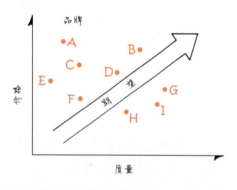

4. 6个部门在9月的资金周转率大致相当
项目

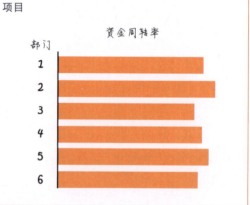

5. 销售部的经理在这一领域只花了他15%的时间
成分

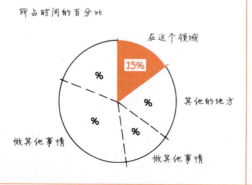

6. 奖金的多少与工作时间的长短无关
相关性

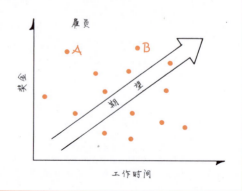

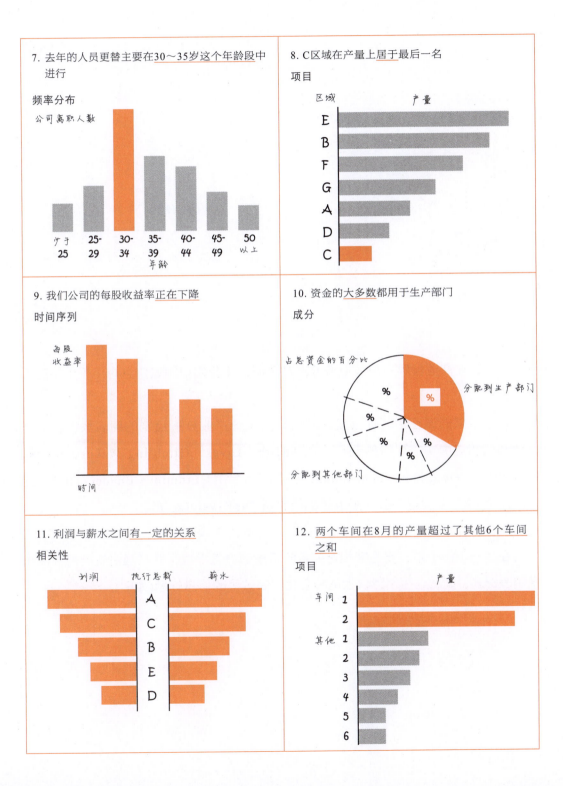

练习 B

现在,在商业世界里很多业务都涉及数据,让我们把制表信息应用于手头的项目中去!

在接下来的课程中,你会发现几组玩具设计产业分析绘制的图表数据。这个产业专门制造虚构故事中的玩具,包括Slithy Toves, Gimbling Wabes, Mimsy Borogoves, Outgrabe Mome Raths,还有永远存在的Frumious Bandersnatch。这个产业由6个相互竞争的公司组成,我们代表的是Kryalot公司。

根据已经提供的数据,在我们提供的地方画出图表的草图。

在每一个例子中,要鉴别相对关系暗示出的信息类型,并且通过查阅矩阵以选择图表形式,同时,写下你认为能够强化图表效果的信息标题(如图)。

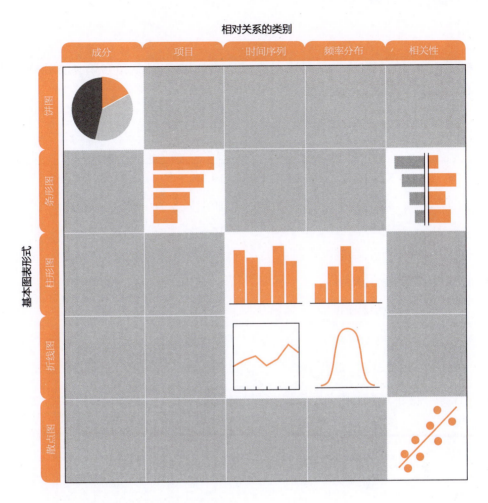

每一个问题的解决方案都在后面列出。

示例1

在下列数据的基础上，绘制出能够显示Kryalot公司在2005年与其他竞争对手的产业销售量份额相比较的图表。

2005年产业内每个公司的销售份额	
Kryalot公司	19.3%
竞争对手A	10.1%
竞争对手B	16.6%
竞争对手C	12.4%
竞争对手D	31.8%
竞争对手E	9.8%
	100.0%

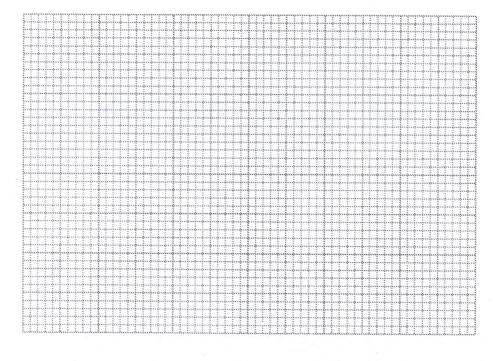

解决方案

在示例1中,由"2005年产业内每个公司的销售份额"可以看出其属于成分相对关系——各部分占总体的百分比。既然我们所讲的只是一个整体,那么就需要使用饼图了。

在这个饼图里,成分按顺时针方向,从最大份额的公司一直排到最小份额的公司,因此可以指出Kryalot公司占有第二大份额。为了强调Kryalot公司的份额,我们将图表上的这一部分标为蓝色(如示例图1所示)。

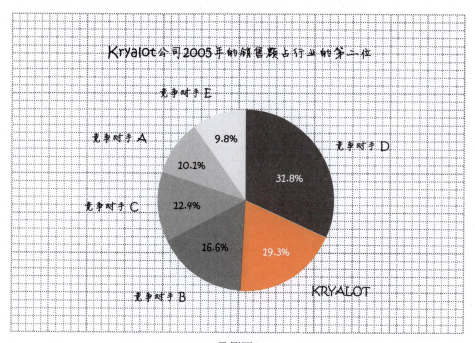

示例图1

示例2

绘制一张能够显示出Kryalot公司在2005年资金回报排名的图表。

2005年资金回报率	
Kryalot公司	8.3%
竞争对手A	9.8%
竞争对手B	15.9%
竞争对手C	22.4%
竞争对手D	14.7%
竞争对手E	19.1%

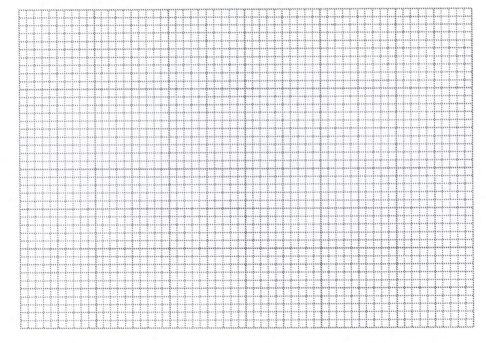

解决方案

在示例2中,词语"排名"是暗示我们这属于项目相对关系。这里,我们想知道是哪个竞争对手有着最高的资金回报,哪个竞争对手有着最低的资金回报。如果那样的话,Kryalot公司是最低的。注意条形图通过把Kryalot公司放在最底端并且加上阴影,以此来强调并有效地指出Kryalot公司的位置来。

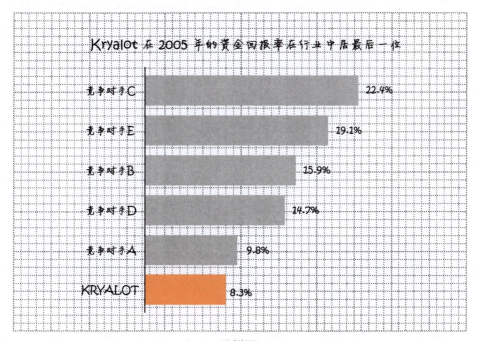

示例图2

示例3

绘制一张图表的草图以验证在2005年玩具制造业上销售份额与投资回报之间是否有联系。

2005年各公司销售额在行业中所占的份额		2005年各公司的资金回报率	
Kryalot公司	19.3%	Kryalot公司	8.3%
竞争对手A	10.1%	竞争对手A	9.8%
竞争对手B	16.6%	竞争对手B	15.9%
竞争对手C	12.4%	竞争对手C	22.4%
竞争对手D	31.8%	竞争对手D	14.7%
竞争对手E	9.8%	竞争对手E	19.1%

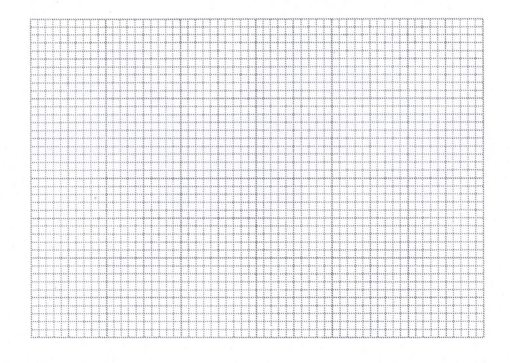

解决方案

通常,我们都期望着销售额与投资回报之间有着一定的关系;也就是说,份额越大,回报也就越多。这里,数据告诉我们结果并不是这样的。例如,尽管Kryalot有着第二大的份额,但它的回报却是最低的。又比如,竞争对手C,在市场份额上只排第四,它的回报却是最高。

尽管散点图在这里很合适,但是成对条形图更加有效(见示例图3)。

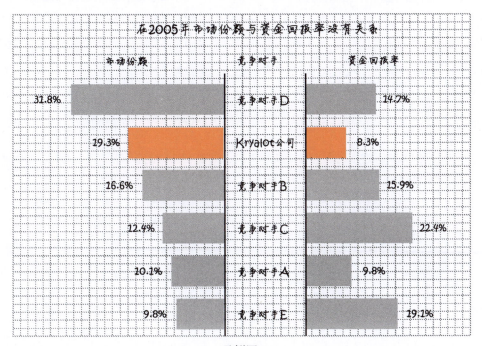

示例图3

示例4

绘制一张能够显示出Kryalot公司在2001—2005年的盈利趋势的草图,以2001年数据为基数并且展示以后的几年所占基数的百分比。

	Kryalot公司净销售额			Kryalot公司的收益	
	单位:百万美元	基数百分比(2001年为100)		单位:百万美元	基数百分比(2001年为100)
2001	387	100	2001	24	100
2002	420	109	2002	39	162
2003	477	123	2003	35	146
2004	513	133	2004	45	188
2005	530	137	2005	29	121

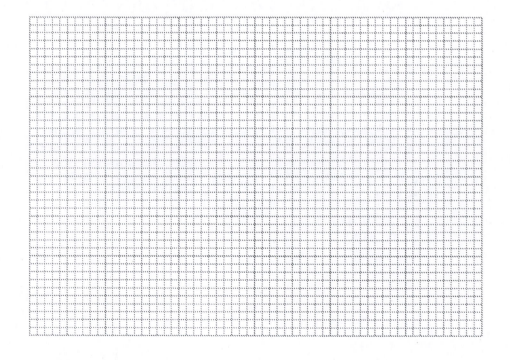

解决方案

示例4要展示随时间发展的变化——时间序列相对关系——折线图是最佳选择。

我们将绝对数据化为基数百分比，这里是指相对于2001年的比值，2001年的数据作为基数，则各年数据转化后得到了全新的数据，这样就提供了一种通用、清晰的反映相对关系的基础方法，例如5.3亿美元与0.29亿美元相比较。

这是一个能够证明图比列表更有价值的绝佳的例子。这个图清晰地证明了盈利的不确定性，而在列表中也许就没有那么清晰了(见示例图4)。

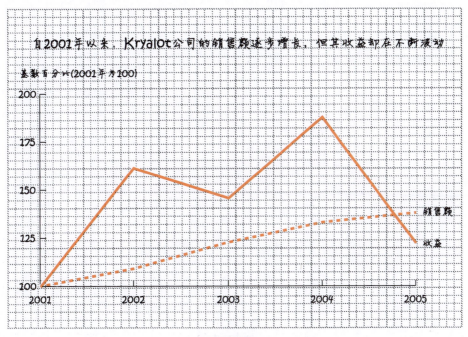

示例图4

示例5

画出一张图表以表明在2005年Kryalot公司的销售额主要来自销售低价怪兽玩具，与竞争对手D不同。

价格范围/美元	销量/千	
	Kryalot公司	竞争对手D
低于5.00	320	280
5.00—9.99	770	340
10.00—14.99	410	615
15.00—19.99	260	890
20.00或更高	105	550

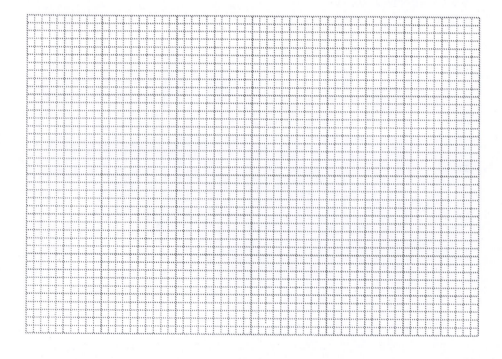

解决方案

示例5需要展示一个频率分布相对关系，也就是，特定价格段商品的销售数量。这样，我们列出了Kryalot公司与竞争对手D相比的柱形图。折线图也能够达到效果，但是，因为数据太少，所以柱形图是更可取的(见示例图5)。

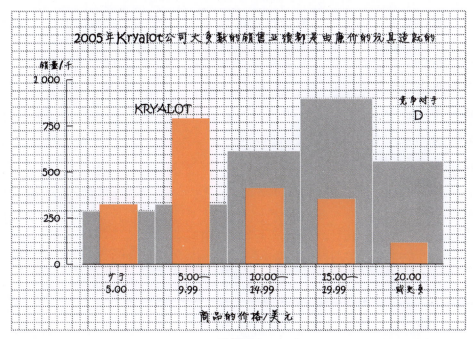

示例图5

示例6

画出一个能够显示在2005年Kryalot的产品组合的销售额与竞争对手D不同的图表。

2005年公司各产品所占行业总销售额的百分比

产　品	Kryalot公司	竞争对手D
Slithy Toves	15.0%	25.3%
Gimbling Wabes	8.4%	21.3%
Mimsy Borogoves	20.6%	19.9%
Outgrabe Mome Raths	16.2%	18.6%
Frumious Bandersnatches	39.8%	14.9%
	100.0%	100.0%

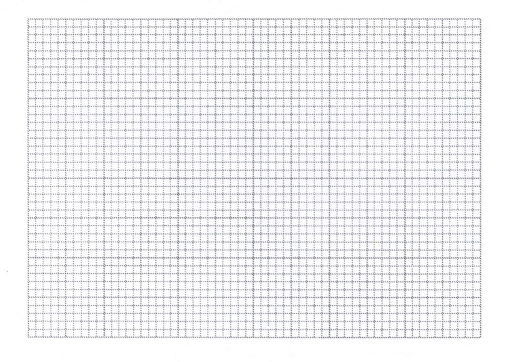

解决方案

在这个示例中，让我们退到以成分相对关系开始的地方，也就是展示总销售额的百分比。就像矩阵图所指出的那样，我们能使用饼图。然而，既然我们讨论的是不止一个的整体，Kryalot公司和竞争对手D，那么最好使用一个百分比柱形图。这样能够避免使用两个饼图的图注，而不必使用符号标注的形式，给了图表一个证明各部分之间关系的更快途径(见示例图6)。

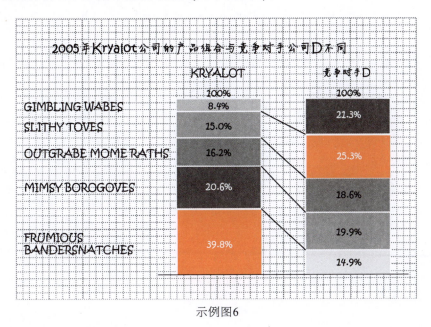

示例图6

现在总结一下本章：

- 图表是一种重要形式的语言。经过良好的构思设计后，与单纯的数据列表相比，它们能够更快更清晰地帮助我们进行交流。
- 决定使用什么形式图表的既不是数据本身也不是方法，而是你的信息，你想展示什么，你想强调的重点。
- 图表越少越好。只有当图表能够真正帮助你表达，使阅读者能通过它得到想要的信息时再使用它。
- 图表是视觉性的辅助材料，它们并不能成为你的文字以及语言的替代品。让它们帮助你表达出相应的信息，它们会起到很好的作用。

第2章
使用图表

本章提供了80个示例图表①。这些图表是围绕5种相对关系进行组织的：成分、项目、时间序列、频率分布和相关性。关于时间序列的部分将被分成柱形图部分、折线图部分以及由两种图表综合表达的部分。在每个部分中，图表将会以逐渐增加复杂性的方式进行叙述，比如，从单个的饼图到多重的饼图。

---

① 注释：本书中所有的图表都源于虚构的数据，这是为了使之达到更具有说明性的目的，但不可以在实际中直接使用。

信息标题

　　为了强调选择图表过程中的第1步,每一个例子中都有信息标题。在实际的练习中,你可能想把它们从图表中删除。例如,在一个空间有限的地方制作一个银幕上的视觉辅助材料,这种情况下可将信息标题只写在你的手稿上,而不把它展示在屏幕上。但是不管怎样,省掉标题并不代表省掉了确认标题这一过程。也就是说使用图表时,首先,也是最重要的一点,你必须明确你的信息,也就是确认标题,明确你到底想展示什么,你想强调的重点又是什么,因为这将决定你使用的图表形式。

双重相对关系

在有些例子当中,你可能会注意到有些图表看起来像是属于另一个部分的内容。出现这种现象的原因是,有时,你所决定的信息,在你对数据的分析基础之上,会暗示出一种双重相对关系。举例来说,项目以及成分或者是时间序列和项目,在这些例子中,你必须决定哪一个是首要的,哪一个是次要的。例如,后面谈到的就既包括时间序列又包括项目相对关系:"在未来的十年内,预计销售额将持续增长,但是盈利将会持平。"我们加上了一个第二项:相对关系。换句话说,我们不仅对以时间顺序排列的销售量(时间序列)感兴趣,同样也对与盈利(项目一)相比销售量(项目二)的表现感兴趣。不管怎样说,初期强调的随着时间的变化还应是重点,仍需保持不变。因此我们使用最常用的基本图表形式之一:时间序列相对关系。如果是这样的话,最佳的选择就是使用一个每个项目各有一条线的折线图。在例子中,我将这些双重相对关系归为初级相对关系的范畴。

刻度尺

　　刻度值已经被忽略(例如，以千美元为单位的销售额)，因为数据的大小对于我们的演示目的来说并不那么重要。自然，在实际使用中刻度值要被使用，但是忽略掉它们不会使图中各项的关系变模糊。事实上，这还是一个检验你在不展示刻度值的时候，能否把信息阐释清楚的依据。

　　但这样并不意味着在绘制并设计[①]图表时刻度尺并不重要，正相反，错误的刻度尺会导致图表产生误导性甚至错误，产生不真实的信息。这里就有一个极端的例子。

[①] 在一个被彻底用错以及滥用刻度尺的陈述中，在我的文章中已经提及，《挑战制图》，管理学评论，1975年10月。在出版社允许下这一节采用该例，摘自管理学评论，1975年10月，AMACOM，美国管理学协会分会，纽约，拥有最终解释权。

例1

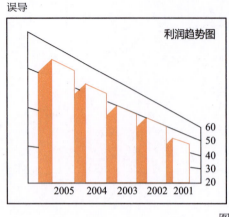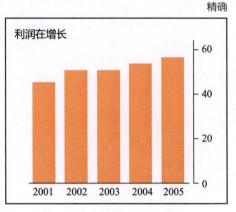

图2-1

在例1中(见图2-1)，左边的图显示的是过去5年中利润的变化趋势。我们的第一印象就是利润正在降低。但是经过细心观察分析，我们就会发现由于刻度问题所带来的4个误读：(1)年份的顺序颠倒，最近的一年在最左边而最早的一年在最右边(年度报告的遗留物，在那里，最近的一年数据被放在最左边以引起直接的注意)；(2)20单位以下的部分被裁掉了；(3)柱形图有三个维度，所以不知道是从前面还是从后面测量长度；(4)刻度尺的线画在了透视图上。这些因素在一起不幸地引起了利润下降的误解。可怜一下那些股东吧，别吓着他们。

在右边的这个图中，我们能够一目了然地看出利润正在增长。

例2

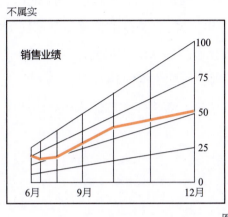

图2-2

在第二个例子中(见图2-2),左图省略的刻度线导致销售额在增长的误解。而在我们看到的右边这个图中,可以看出那并不是事实。

关键在于:图表是一种表现关系的图形,而只有图形才有价值。其他的所有因素——标题、图注、比例尺——仅仅是鉴定或解释,图形最重要的特征就是你看过后大脑里留下的印象。缩放比例对这种印象起着非常重要的作用。这儿,我们有一个很简洁并且能充分地说明刻度是怎样形成信息的例证。你会选择下图中的哪一个? A还是B(如图2-3所示)?

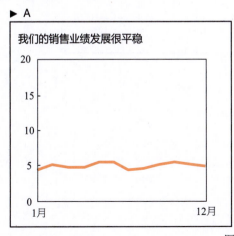
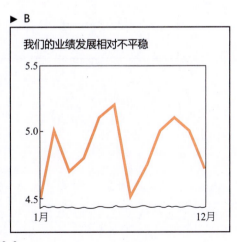

图2-3

要选出答案很容易。"随便哪一个吧！"然而，随便的选择可能不合适。你的决定取决于你对变化重要性的专业理解。在一个数百万的大合同上的1 000美元的变动可能无关紧要，而对于地板上的一块瓷砖来说，1美分的价格变动都显得非常重要。你可能因此会选择能够影响你对于变化重要性认识的刻度；可能左边的那个图对于合同来说非常合适，而右边的那个则对瓷砖的价格比较合适。

为了提供一个能对变化予以准确反映的印象，在构建你的图表时要注意以下能够影响图表的因素：

图表的形状，从短宽到细长(如图2-4所示)。

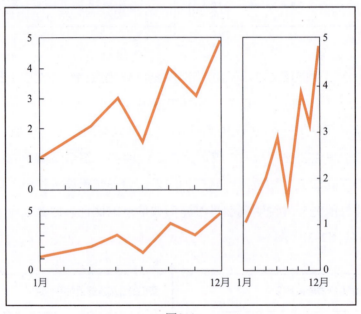

图2-4

刻度范围，比如，0到5、0到10或者是0到25(如图2-5所示)。

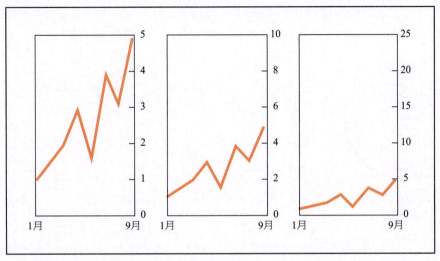

图2-5

这些以及其他需要考虑的重要因素将会在每个图表的注释里进行讨论。

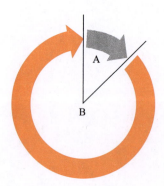

成分相对关系
显示各部分占整体的比重

图例2-1阐明了最简单也是唯一真正合适的饼图的用途：成分之间的比较。4个部分颜色各不相同是为了区分开不同的公司。彩色部分代表着公司A，以强调图表标题中提到的数据。

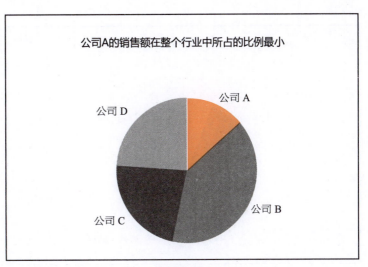

图例2-1

图例2-2阐明的是两种将注意力集中于一种成分的方法：（1）用一个其他颜色的底纹，（2）将此部分与其他部分分离开。在这个例子中，成分的顺序以自然顺序排列。

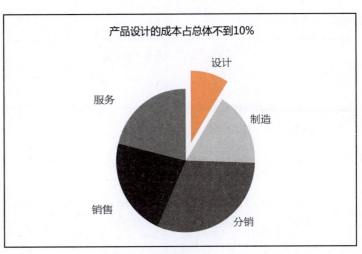

图例2-2

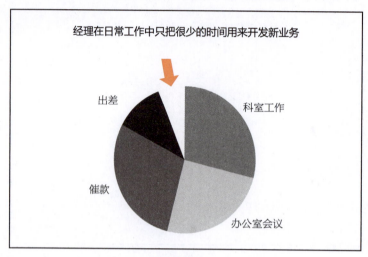

图例2-3

因为我们的眼睛往往趋向于只看整个圆圈,而忽视具体细节。故意画出缺口能引人注意,就像图例2-3中所展示的那样。在这种情况下,缺口部分往往暗示你应该将整体补全。箭形图则可以更进一步提示你这一点。

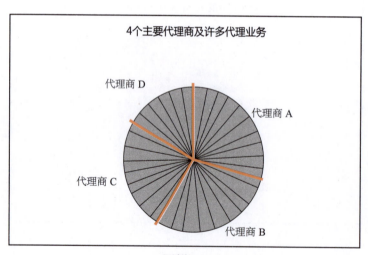

图例2-4

尽管图例2-4违反了在一个饼图中不可使用超过6个部分的原则,但在这里它的目的是要强调有很多的代理公司这个信息。注意,要完全比较每个部分的大小实际上是不可能的;如果必须这样做,你最好使用一个列表或者是一个条形图来展示数据(见图例2-12和图例2-13)。

将饼图中各部分成对镜像排列，如图例2-5，只使用一组图注，这样就无须重复每个饼图的图注，同时避免了使用符号标注来强行往回看每个部分所带来的麻烦。在这个过程中，我们忽视两个基本原则：(1)从12点钟的方向开始绘图，(2)将每一个部分以相同的顺序排列。

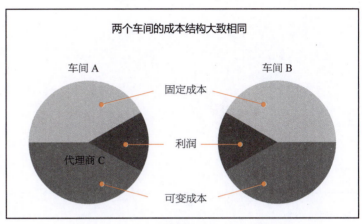

图例2-5

图例2-6比较的是两个不同的饼图的成分。当使用饼图时，尽量简化——不要多于三个成分，超过两个以上的，最好使用百分比的柱形图(见图例2-40)。

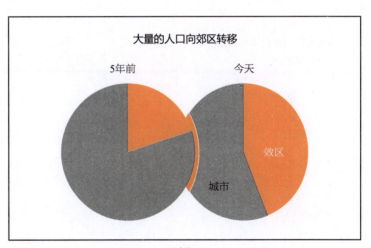

图例2-6

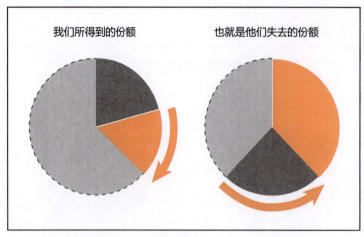

图例2-7

在选择图例2-7时,我有些犹豫,因为它只含有两个成分,即使这样阴影的部分也很让人困惑。从另一方面说,当保持简单时,就像我们看见的这样,其印象让人很难忘。如果有疑问的话,就直接使用更加方便的百分比柱形图。

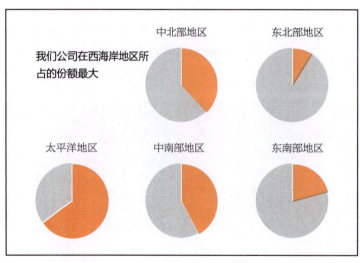

图例2-8

通过使用一个独立饼图来代表每个部分,就像图例2-8中那样,我们看到:第一,公司在每个区域的份额;第二,区域与区域之间的区别。尽管百分比条形图(见图例2-21)在这里也能够使用,但饼图模仿的是自然地理方位,看起来更加直观有效。

图例2-9解释的是，一旦你需要展示出超过一个整体的成分相对关系，你最好使用一个百分比条形图或是百分比柱形图。通常情况下我们称之为20/80的图表。这个图表证明了，尽管经验丰富的代理商只拥有最少的销售份额，但他们更善于使销售产生更大的收益。

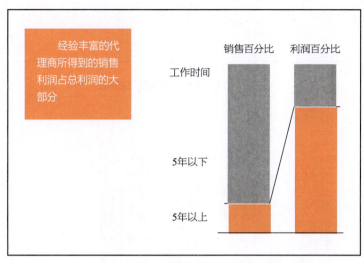

图例2-9

在百分比柱形图中，可以展示至少两个项目，每个项目含两个成分，就像图例2-10所展示的那样。但是应该尽量避免项目中成分数量超过三种，因为那样将很有可能使这种相对关系混淆。图例2-9与图例2-10使用水平条比使用竖直条要好得多。这种安排要有更广泛的应用并且更容易被接受。

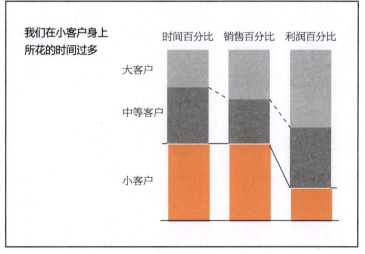

图例2-10

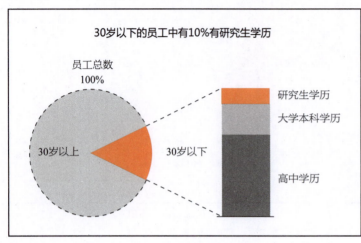

图例2-11

图例2-11将一个饼图和一个百分比柱形图联系起来，用于一个整体与另一个整体的部分相互比较：(1)年龄低于30岁的雇员数量所占员工总数的百分比；(2)在年龄低于30岁的人群中，再按照教育水平分类。

当使用这类综合图时，要记住必须始终从饼图开始，并将百分比柱形图放在后面，而不是相反。

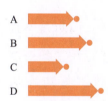

项目相对关系

显示各项目的排列次序

在条形图中，如图例2-12所示，项目的顺序非常重要。在这个图中，项目以从高到低的顺序排列，以保证能够分出竞争对手的优劣。客户的销售收益率用其他颜色以及不同字体强调出来。

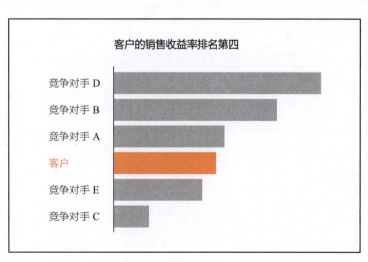

图例2-12

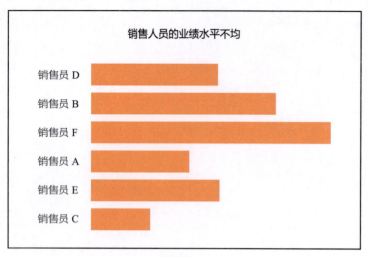

图例2-13

还可以不使用从高到低的项目的排列，图例2-13使用的是一个随机的排列，以突出在图题中提到的销售人员业绩水平的不平均性。

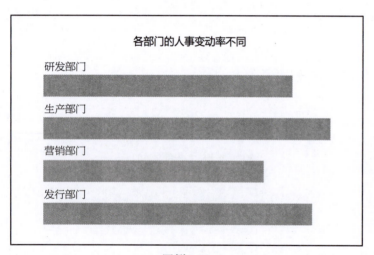

图例2-14

图例2-14将每个项目的注释写在了条形图的上面而不是写在旁边。在这种情况下，可以使用更紧凑的设计方案。图中的方法在各项目间留出更多空间，以便强调两个部门之间重要的区别。

图例2-15是背离式条形图，条形图放在基线的左边，就像柱形图在零线下面一样，提示这里有相反的结果或情况。垂直的基线将利润与损失区别开来。项目从利润最高一直排列到利润最低。为了保持图表的紧凑性，右边代表盈利的部门，左边代表亏损的部门。

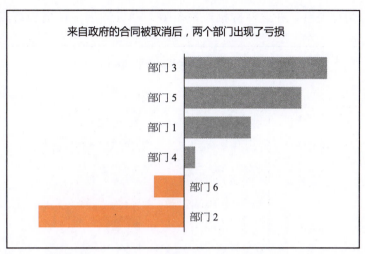

图例2-15

与只是有单一的数量相比，图例2-16展示出一些平行的条形图，显示出高低数量范围而不是单个数量。这种图适用于人们的兴趣是关注端点数量与数量值的范围时。

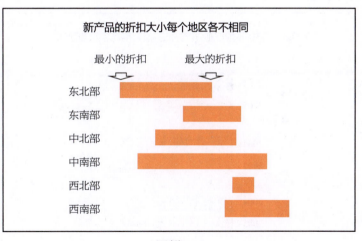

图例2-16

图例2-17是一个能够比较两组或两组以上数据的条形图,提供了垂直与水平的相对关系。在这两种相对关系中,垂直的那一种更加直接,因为它是用一条普通的基线进行测量;而它很难对水平的项目进行比较,因为它们不从相同的基线出发。尽管条形图展示出了平均水平,但这里用虚线能够将每个公司的表现更明显地区分开来,可以看出哪个公司销售额超过了平均水平。

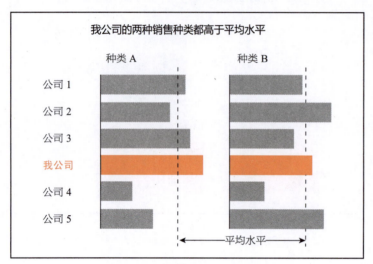

图例2-17

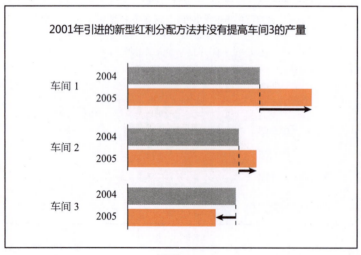

图例2-18

图例2-18是一个能够比较项目数量的分组条形图——车间1、2、3——在两个时间点上。不同的阴影部分用来区分不同的时间段。而虚线与箭头,尽管不是很必要,但对强调出方向与数量的改变也很有帮助。

图例2-19是一种特殊形式但有时却很有效的分组条形图。条形图的重叠节省了竖直方向的空间，对强调最近时期的时间段很有帮助，能够将注意力集中在两个时间段之间的差距上。在这个例子中，事件以每项二者差距值按从大到小的顺序排列。它们也能够以正常的时间流程排列，也就是说，从设计到制造到分销再到销售。注意：这项技术仅仅在条形图后面的一项比前面的一项更长的情况下才能够有效。如果相反的话，后面项目比前面的短，那么很有可能会使你的观众误解。

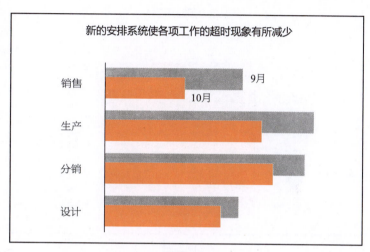

图例2-19

图例2-18和图例2-19忽略了条形图应随时间变化的原则。这种做法在只有两个时间段的情况下有效。如果多于两个的话，最好使用柱形图。

图例2-20是一个使用绝对数据的细分条形图，它们的成分是根据绝对值而不是百分比确定的，也就是说，使用美元、吨、消费者人数或者是其他能取代百分比的直接测量单位。

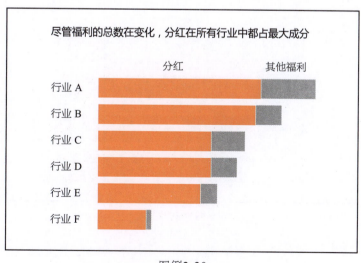

图例2-20

对所有细分条形图、柱形图以及折线图，你都应该将最重要的成分放在靠近基线的地方，因为只有放在这个位置才能够准确地进行比较。

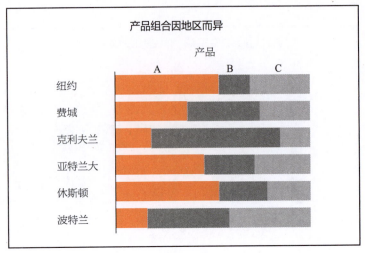

图例2-21

图例2-21是一个百分比细分的条形图，而且它的成分是依据相对数据(百分比)，而不考虑条形图的整体总绝对值。在这种形式的图表中，有两种与重要成分相对的基线——左边的一个连接着条形图，右边的那一个，没有连接。

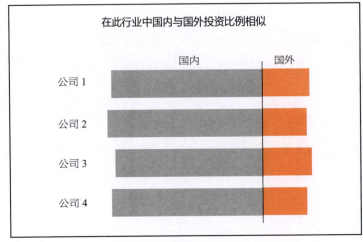

图例2-22

图例2-22是一个滑块细分条形图，当只有两种成分时才有用(或者是两组主要成分)。因为两个部分之间的区分线可以看成是一条普通的基线，每一种成分都可以进行准确比较。在这种情况下条形图是百分比条形图，尽管具体数值在这里也可以使用。

从图例2-23到图例2-27介绍了条形图中箭头的用法。尽管不是很必要,但是箭头能产生一种方向或者是运动的感觉,通常能够强调信息的主题。

图例2-23,与图例2-21一样,是一个细分的百分比条形图。在这儿,这些箭头被用来展示出聚氯乙烯的份额,着重强调标题中提到的"渗透"的概念。

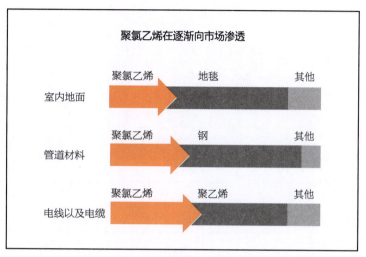

图例2-23

图例2-24能够证明箭头对于强调利润以及损失的重要性。资产正在逐步积累,组成了累计的总额,并且能够平衡债务。当然也可以使用垂直的条形图来取代水平的条形图,但水平放置的方法能够保证左边有更多的空间来标注这些成分。

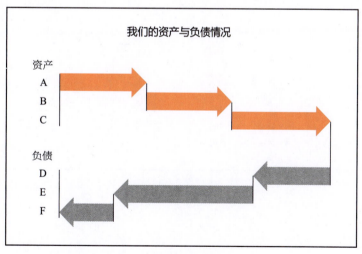

图例2-24

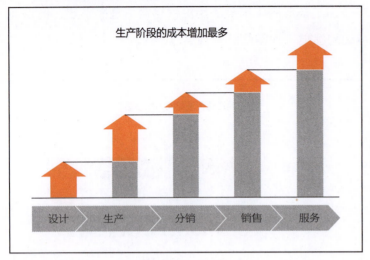

图例2-25

图例2-25是一种表示变化情况的图。彩色的箭头表示一个阶段在前一阶段成本基础上增加的成本,灰色的一部分表示上一阶段的基础成本。

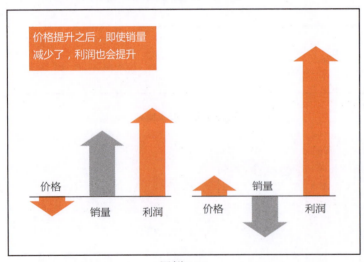

图例2-26

图例2-26能够用做灵敏度分析。这种背离式柱形图强调的是各种相关项目的不同变化对利润影响。这里,使用几个动态的箭头,与静态的条形图相比,则强调了变化,既有积极的一面也有消极的一面。

图例2-27很有效，尽管使用了非常规的刻度，从顶端的0到下端的100%。使用箭头的目的是在指出余下部分百分比的同时，强调出缺水的数量。项目的排列从受缺水影响最大的地区到影响最小的地区。

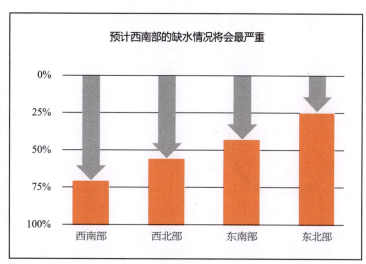

图例2-27

图例2-28是一个饼图和一个条形图的连接图，逐条说明了各位销售人员离开公司的原因。实心的条形图将人们的注意力集中在这一个事实上：大多数的离开现任岗位去了其他公司的销售人员其实还是去了相同的岗位。意思是指，在公司的这个位置上存在很多问题。

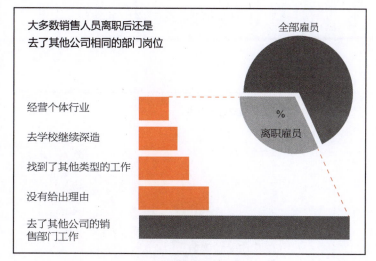

图例2-28

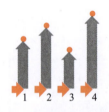

时间序列相对关系

展示随时间推移所产生的变化

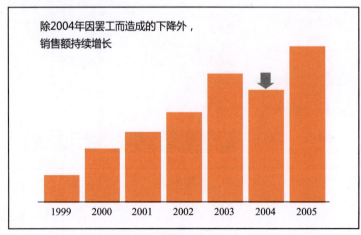

图例2-29

图例2-29是一个表现随着时间变化而变化的柱形图。柱形图最好用于少于8个时间段的信息分析。

当你想强调一个数据的特殊影响，可使用图解的方法——箭头、直线、阴影或者是各种颜色，就像在这里以及随后的三个图表所展示的那样。在这个分析中，使用箭头有两个目的：一是将人们的注意力集中在2004年这个年份，二是强调出下降的水平。

在图例2-30中，箭头强调的是从1999年到2005年的增长量。

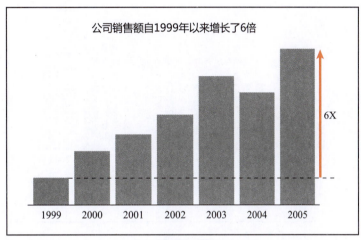

图例2-30

图例2-31在2004年份上使用的是一个阴影，以把这一年份与其他的年份区分开来。这种做法强调的是2004年的销售额是多少，而不是比2003年少了多少销售额。这种明暗阴影的处理在区分实际的数据与预计的数据之间同样有效。

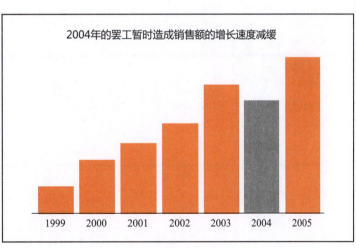

图例2-31

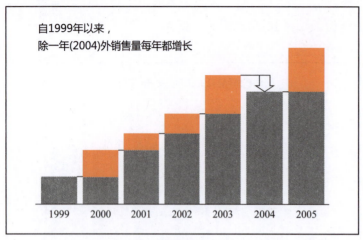

图例2-32

图例2-32结合了两种图表方式——彩色的柱形以及箭头——以突出数量随着年份迁移而改变,并且区分上升的时间段和下降的时间段。

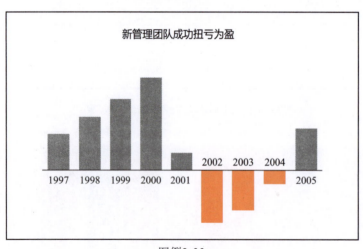

图例2-33

图例2-33使用了好几种技术来区分积极的数据和消极的数据:(1)将柱形图扩展到零线以下,意思是指有赤字或者是不利状况;(2)使用不同的阴影;(3)上下方交错的柱形图图注。

图例2-34是当我们研究每日报纸上有关股市的表现时看到的图。它是一个排列的柱形图，而且它强调的是两个数据的跨度——在这里是指每天的高低变化——而不仅是单纯的数据。图表的标题，通常情况下，用以说明高/低的水平，这里展示的是每天的收盘情况。

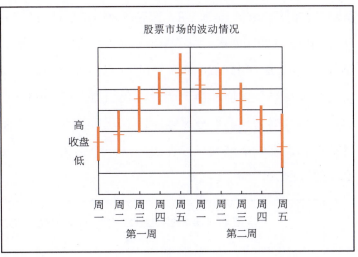

图例2-34

在两个柱形图中，图例2-35中较粗的一端在基线上面，上面柱形图显示的是呈增长趋势的钻塔的数量；下面展示的是钻井深度的平均值。在这里，延伸到基线下方的柱形图既不是指赤字也不是不利状况，而是将深度这一概念形象化了，而且变窄了的柱形图也将钻井形象化了。

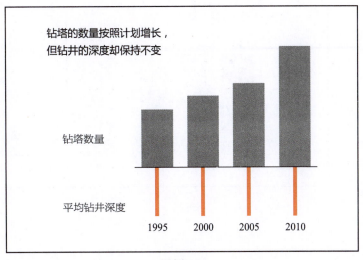

图例2-35

图例2-36是一个由三组不同单位度量数据组成的分组柱形图，数据用不同种类单位(存储的数量与美元)以及不同大小单位(以亿美元为单位的收益与以千万美元为单位的利润)度量。为了保证一个基本的相对关系，将绝对的数据转换成对基础值(在这里是2005—2010年)的百分比(或者是指数)，并且以同一高度绘制2005年的基本资料数据值。换句话说，我们假设在2005年店铺的数量与收益和利润相等，然后依据增长的百分比绘制2010年的资料。结果就是百分比变化"形象的"指数图表，它们能够允许你在绘制从一个到另一个百分比变化比例的同时展示出绝对的数据。

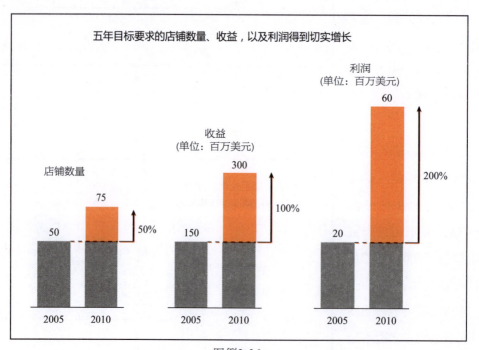

图例2-36

重叠的柱形图，就像图例2-37那样，两个项目是同一度量的相关方面，所以将会有很好的效果。在这种情况下，这两个项目——计划的与实际的——是制造业的相关方面(记住，其中一个项目应该一直比其他的项目要大，否则重叠的柱形图将隐盖住背景中的柱形图)。

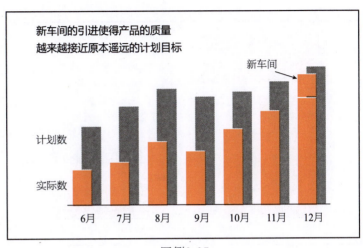

图例2-37

图例2-38是一个细分柱形图表，能够展示出整体的变化情况，还能展示成分对于这种改变会有多大的影响。在所有的细分图表中，总是有展示过多项目的趋势，这使得各个单独的部分很难被辨认和比较。所以项目不要超过5个。如果你需要对每个成分进行准确的测量，那么就使用下一个图表中所解释的方法。

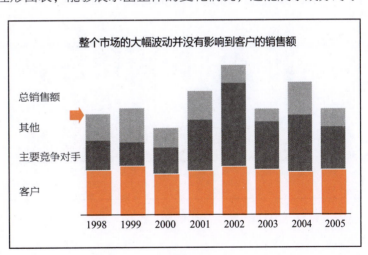

图例2-38

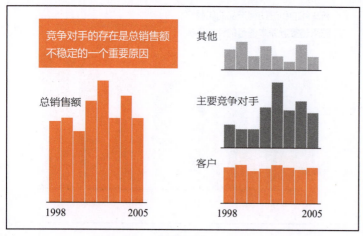

图例2-39

图例2-39使用的是和图例2-38同样的数据，但却是用一种能够从基线以上准确测量每一个部分的方法。这样可以将人们的注意力从对项目如何影响趋势转移到每个项目如何随着时间改变上来。

图例2-40是一个百分比细分柱形图。尽管人们的眼睛的阅读方式是每一页从上到下，但柱形图却是从零基线开始测量(如一个细分的表面图)。由于这些原因，最重要的一个项目往往是靠着基线放置。我们在柱形图内使用不同的阴影来区分不同的项目并且帮助鉴别在图表中不同型号的产品。

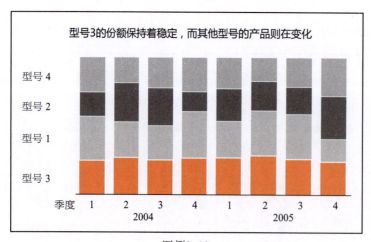

图例2-40

图例2-41能够指示出数量从开始的时间段到最后时间段的变化。箭头的指向增强了对测量得到的变化量的积极的以及消极的本质反映。

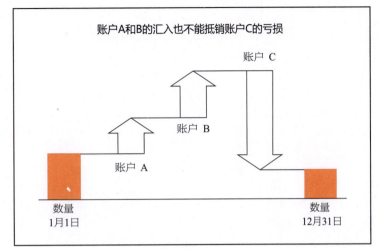

图例2-41

图例2-42，是一个阶梯状图，我们可以将之想象成每两个柱形图之间没有间隙的柱形图，或者是一个表面(折线的)与基线有空隙的图表；没有这些阴影，它就变成了一个折线图。它适用于在不规则间隔上的数据的突然变化，例如员工人数。

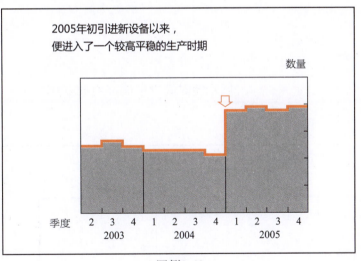

图例2-42

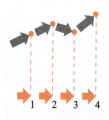

时间序列相对关系

展示随时间推移而产生的变化

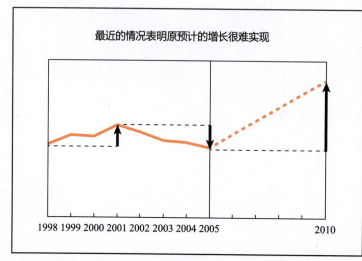

图例2-43

图例2-43展示出了很多时间段所发生的变化的简单折线图。使用了两种图解方案：(1)代表实际数据的实心线与代表预计值的虚线相互区分开来，而且(2)箭头强调的是方向与改变量。

图例2-44至2-53是分组的或多重折线图。

就像图例2-44那样，当两条线接近时，利用两种模式展示(例如，点状图、虚线图、实线图、粗线、细线)以避免让人混淆的情况；当两条线不是那么接近时，这样做并不必要。在任何情况下，那一条较粗的、实心的线应该在最重要的项目上使用。

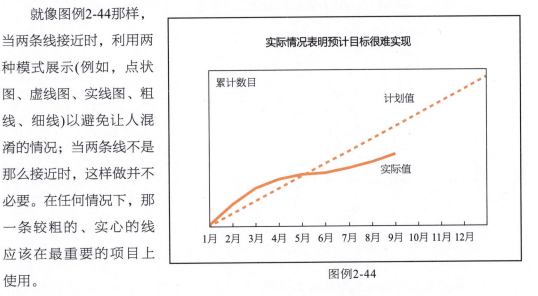

图例2-44

图例2-45中波动起伏的线表明底端的垂直刻度已经被裁去。在这里，注意的焦点并不是收入与开支的相对水平(在那种情况下，图表应该从零线开始绘制)，而是两者的区别。我们使用不同的颜色来区分余额与赤字。

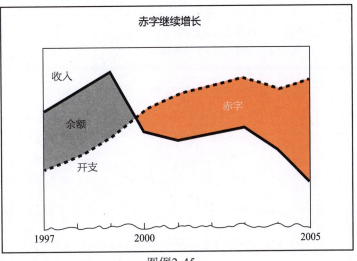

图例2-45

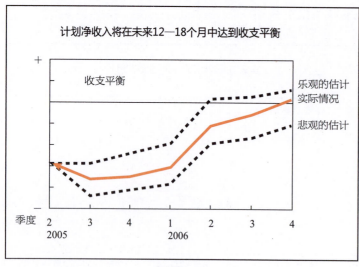

图例2-46

图例2-46为展示预计数据提供了参照线。在真实数据线的两侧建立乐观和悲观的预计数据线，可以减少对数据产生误解的风险。在这种情况下，用较细的虚线表示数列，或者采用阴影的方法。

图例2-47是用多重比例刻度制定的图表(例如，左右两边用不同的度量单位)，这样能够绘出两条或者两条以上的不同曲线，因为它们依据不同的单位而测量，

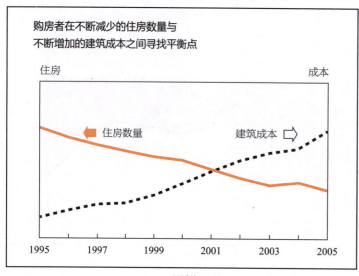

图例2-47

太大的距离会影响它们的比较。如果你想比较变化量或增长量，可使零线以及度量的单位一致，并且恰当地选择间隔以使曲线在一个有意义的点上相交。最好将之转换成一个普适的基本单位(例如，指数或者是百分比变化)，且采用同一种刻度。

图例2-48绘制的是一个对数(或说半对数)图像,纵向比例刻度使用的是对数刻度。用来显示任意两点的数据变化率。在这种图表中,如果使用通常刻度,绝对数据以一个常量增长(例如,每周5%)时图像是一条直线;但在依据对数原理绘制的图表中,每周5%的增长率绘制出来的图像会是一个角度逐渐改变的曲线。由于没有零线,所以这个图表不应该用来度量级别、数量或者负数类数据。它不适合用在气象学中的地面天气图(或者柱形图)中。所以要谨慎地使用对数图像;如果还有读者不理解的地方,那么就解释一下怎样阅读图表。

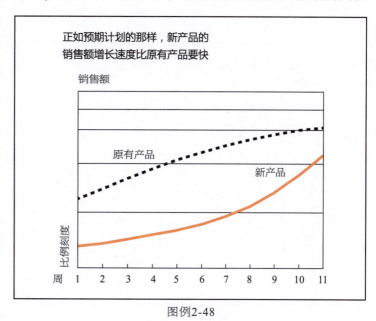

图例2-48

图例2-49是一个指数图像,它指出数据已经转换成了基本的百分比。与对数性质的图表不同,它不是展示两个时间点的相对变化,指数性的图表只能表示每个时间段的相对变化。它与具体数值相比,更能显现出优越性,因为它能展示出两个甚至更多的使用不

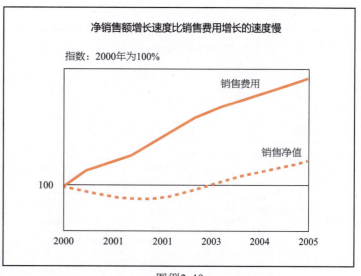

图例2-49

同度量单位系列的数据。如果只是使用简单的百分数作为单位的话，这种相对关系会更加清晰明了。例如，"从2000年以来的销售额增长百分比"所展示出来就是"销售额指数：2000年为100%"的图表，不同之处是前者的刻度是0、25%和50%，后者为100%、125%和150%。

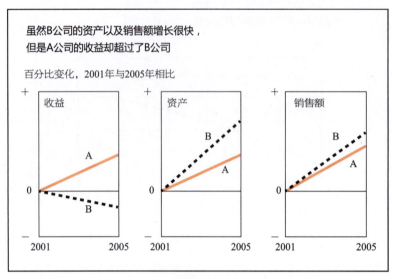

图例2-50

图例2-50使用了一个能展示出2001年到2005年之间的百分比的变化，而没使用指数图表。为了使三者之间的比较更为有意义，收益、资产和销售额的刻度必须完全相同。这里只展示公司A和公司B两个图，以此绘制每个公司的收益、资产和销售额百分比的变化。

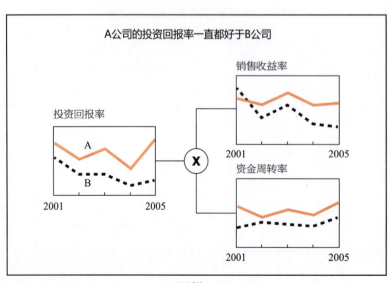

图例2-51

图例2-51使用了一个计算树以使计算公式更加形象。在这里，投资的回报率等同于销售的收益率乘以资金的周转率。每一个窗口中都有两个公司的趋势曲线，使得读者能够研究计算树的各个部分以探寻投资回报率的问题所在。

在图例2-52中，代表客户的线已经用较粗的实心线以示强调，并且和代表其他所有竞争者的线进行比较。如果你想将客户与其他的几个竞争对手作比较，那么使用下一个例子中的方法则较为贴切。

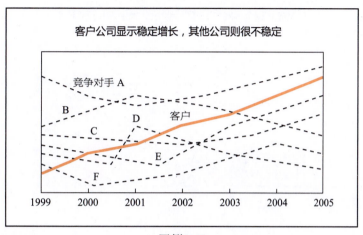

图例2-52

图例2-53包含了更多的图表(因此需要更多的绘制时间)，它将客户公司分别与各个竞争对手进行了比较，但在这个例子中每个图表中相对关系更为简单。每个图表中代表客户的线都相同。通过这种途径，你可以对这种相对关系分组以便阅读(例如，在一个给定的时期，业绩在客户公司之上的竞争对手，大致相同的竞争对手，落后于客户公司的竞争对手)。你可以使用表面折线图而不是曲线来强调客户公司。

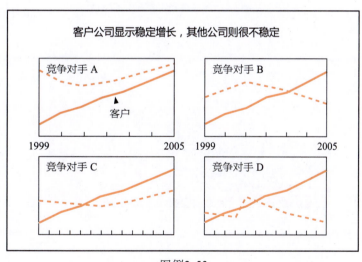

图例2-53

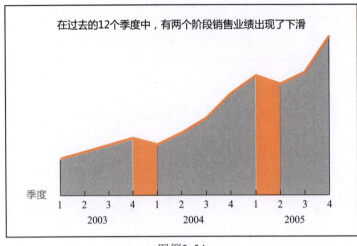

图例2-54

图例2-54是一个表面折线图，在趋势线与基线之间的空间上有阴影的折线图。这个例子中使用了图解的方法，蓝色的阴影代表下降的时间段以引起人们对这两个区域的注意。

图例2-55展示出了三个项目的绝对数值的变化。只有最下面的一部分直接通过基线度量，其他的面都是根据变化的基线进行度量。对他们的大小只能够做大致的测量，如果想寻求直接的测量，最好使用图例2-39中的做法。如果各个表面波动比较厉害，就使用细分柱形图(见图例2-38)或者是使用图例2-39中那样的图。

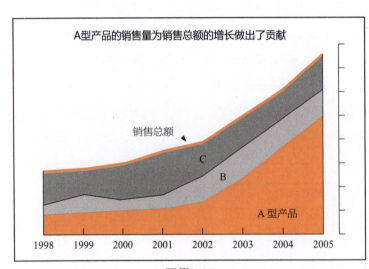

图例2-55

图例2-56展示的是各个项目随着时间的变化而产生的相对变化，在这里，X的份额像三明治一样被夹在两个竞争对手中间。就像所有图表所阐释的关系那样，如果百分比是不变的绝对值，这种图表就很有可能造成误导。例如，100%代表这一个很快增长的整体，那么下降的一个百分比却有可能成为一个事实中的增长量。在这些情况下，最好在其他的图表中标上具体数值。

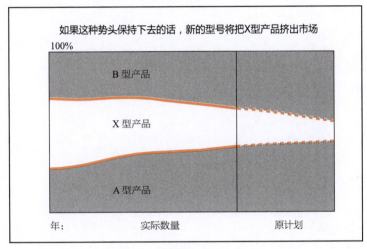

图例2-56

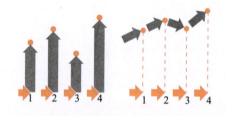

时间序列相对关系
展示随时间推移而发生的变化

从图例2-57一直到图例2-63，这些图表综合了折线图和柱形图，提供了随时间而变化的其他情况。

图例2-57可以使用分组的柱形图(也就是说，一个表示产量，另一个则表示订单量)，但是，既然产量是个恒量，那么它就可以作为折线图/表面图的一个背景图表。为了强调出产量与订单量之间的区别，在这里，我们可以选择使用一个分离式的柱形图(见图例2-33)，它能够将产量作为基线而测量出订单量的上下偏离情况。

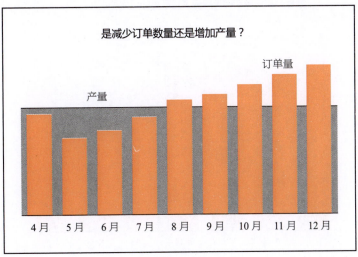

图例2-57

一样的道理，图例2-58也可以使用分组柱形图(一个表示今年，另一个则表示去年)。从另一方面说，这个柱形图加折线图的表达方式将要点放在代表今年活动的那个柱形图上，次要的放在两个年份数据比较上。

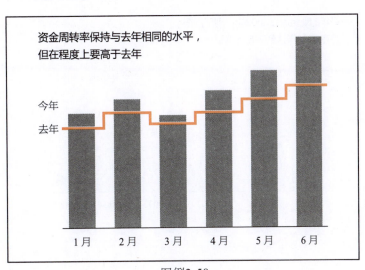

图例2-58

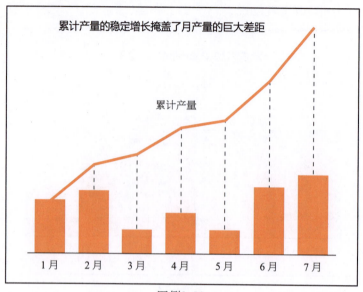

图例2-59

图例2-59综合使用柱形图和折线图,用柱形图以表示月产量的波动,并用一个折线图来显示累计产量(有时是每个年份自1月以来的趋势图)。

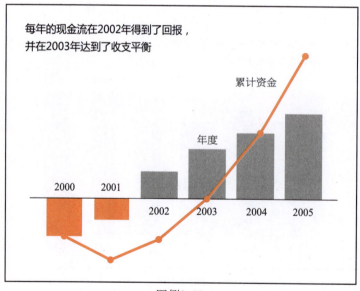

图例2-60

图例2-60使用背离式柱形图展示2000年及2001年最初的投资如何在2002年获得了回报,并且用一个折线图显示在哪一点达到收支平衡。

图例2-61与图例2-59以及图例2-60很相似，但是在这里，这一条折线图显示出的是每月收入与亏损之间的差，即每月的净盈利值，而不是反映累计的趋势。

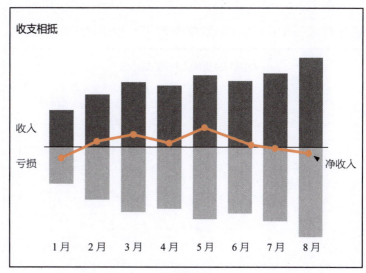

图例2-61

图例2-62使用柱形图来总结过去的几年每年的数据，并用折线图来研究今年每个月份的业绩。这项技术通常在各项信息管理系统中使用，它为添加每月的业绩数据留下了空间，因此也就免去了每月都要准备一张图表的麻烦。

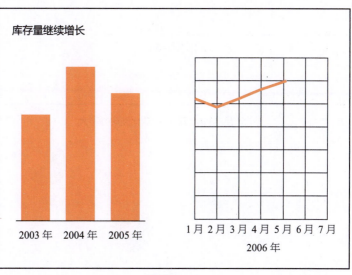

图例2-62

图例2-63在各种各样的信息管理系统中也很常见，它能够展示出每个月(或者是每周或每季度)的实际数据与年初计划的数据的对比(或者是目标和去年的总值作比较)。在累计的基础上，实际数据与计划数据的差额往往很小，而且人们的注意力往往不会集中在困难时期。为了扩大这些差距，最好能够展示出实际数据与计划数据差距的百分比，就像在这个例子中阐释的那样。

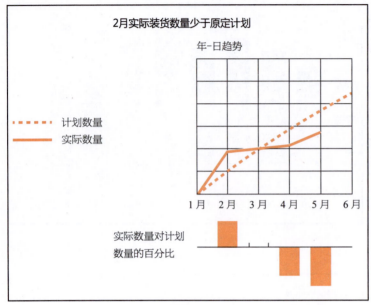

图例2-63

图例2-64综合使用了饼图与折线图，饼图展示的是每一个时间点的组合份额，而折线图展示的则是随着时间而变化的总值。为让它们尽量简单，在每一个饼图中不要使用多于三个成分，不要多于一条趋势图，不要多于6个时间段。

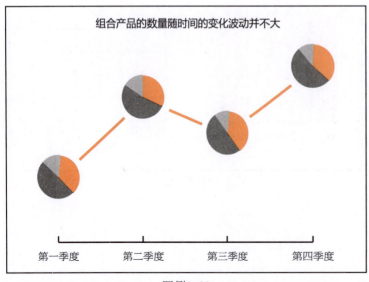

图例2-64

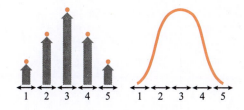

频率分布相对关系

展示各有多少项归入一组数值范围之内

图例2-65展示的是柱形图形式的频率分布相对关系。注意水平方向的刻度相等且互不交叉。

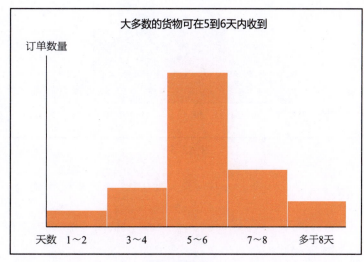

图例2-65

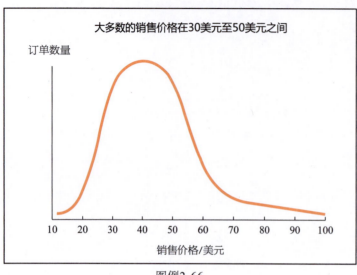

图例2-66

对于连续的数据，就应该使用如图例2-66中的折线图。在这里，水平方向上的刻度表示的是每一点的数据而不是时间段的数据。

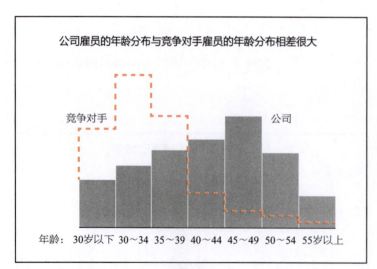

图例2-67

图例2-67综合了一个分步柱形图及分步折线图来比较同一个图表中两种分布方式。

图例2-68综合使用了一个表示公司数据的柱形图和一个代表整个行业的分组柱形图。这种类型的处理方式尤其适合一个对多个的比较方式。在这个图表中，一些重叠的柱形图要比有阴影的柱形图大，但不至于会使别人看不懂(见图例2-19和图例2-37中的讨论)。

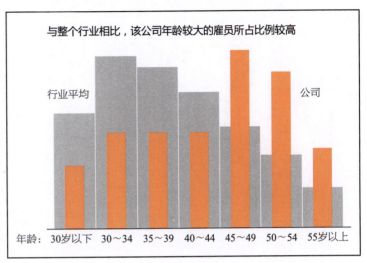

图例2-68

图例2-69是一个细分的柱形图，它首要目的是表示雇员总人数的分布情况，其次，是表示每个薪水级别的成分。薪水级别是表示薪水范围的简捷方法。

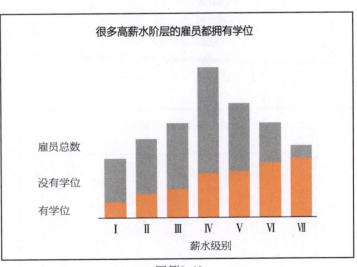

图例2-69

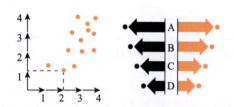

相关性相对关系

展示两个变量的关系是否符合预期的模式

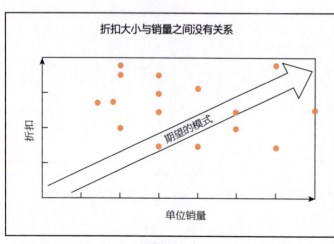

图例2-70

图例2-70使用的是一个点状图(散点图)，它能够帮助你确定两个变量的关系是否符合预期的模式。在这个例子中，预计的折扣越大，销售量就越大，图中的箭头代表预期的模式，而且可以很清楚地看出实际与预期差别非常大。尽管圆点代表每一项单独的交易,但是它们并不能区分出每个销售员,因为标识出每一个原点代表什么会使图表看上去非常混乱,如果非要这么做的话,就参照下一个图。

图例2-71是一个成对的条形图,它能够使你在看到整个相对关系的同时标识出每一项交易。我们使用的是和前一张图同样的数据,项目按照折扣的大小排列。如果相对性如预期的那样,那么这一个条形图将会成为折扣模式图表的镜像图。

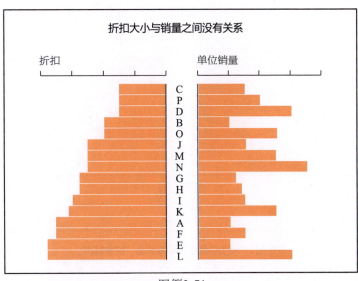

图例2-71

按照数据,预期模式可以表现为水平(表示相互之间没有关系)或者向下,就如图例2-72中展示的那样。在这儿,代表预期的箭头周围离散的圆点说明了价格与销售量之间的负相关关系。

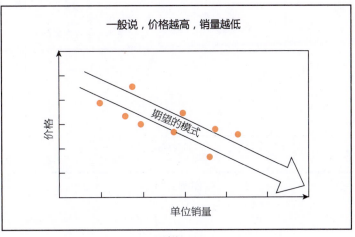

图例2-72

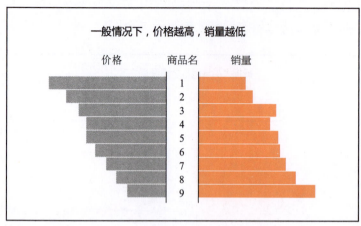

图例2-73

图例2-73使用的是和图例2-72中相同的数据，但是却使用一个成对的条形图进行演示。在这个例子中，条形图并不能形成镜像，但却表现出价格与销售量之间负相关关系。

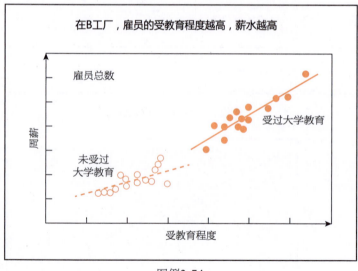

图例2-74

图例2-74是一个能够展示出不止一个项目的分组散点图。为了显现出两个项目之间的差别，这个图分别使用了圆点及圆圈。另外，我们也可以使用其他符号，如：方块、三角。

图例2-75使用半对数刻度来表现相关性相对关系。这个例子中有两个项目，即行业薪水范围(大约向上5%或在中点以下)以及执行总裁与公司销售业绩相关的薪水(用五角星表示，与用散点图表示意义相同)。由于行业范围通常使用一个持续增长的百分比来计算，所以在图上越在后面它就越大；并且它还能够以一个曲线的形式向上延伸，这使得我们很难研究它们之间的关系。这种刻度的安排方式通过"拉直"行业关系使之保持一个不变的宽度，这样能够使整个对比更加清晰。

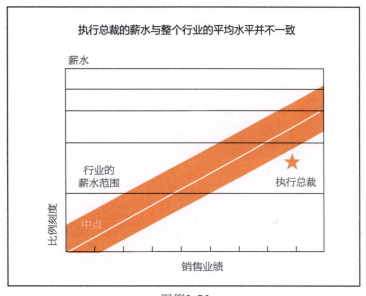

图例2-75

除了范围是由工薪层次的最低点、中点以及最高点定义外，图例2-76与图例2-75在其他方面很相似。圆点代表着每一个级别雇员的实际薪水以及与他们所在范围的关系。重新估评这个结构的原因，是大多数的雇员都在他们所在范围的中点以上，而且很多超过了最高点。

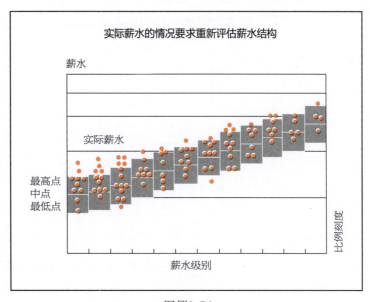

图例2-76

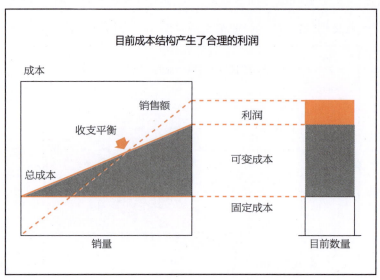

图例2-77

图例2-77是一个结合了表示成本(固定以及可变成本)的细分表面图和一个表示销售额的折线图的收支平衡图。尽管散点图和成对的条形图在一起出现,但它是被用来展示增长数量与成本提高之间的相对关系。右边垂直的条形图可以标识出某一特定销售额的构成。

图例2-78也可称为"泡泡图"。它比散点图多一些内容,不同的尺寸使得图表看上去具有三维立体感。在这个例子中,公司的业务投资有9项业务,每个业务都根据对市场的吸引力以及公司的竞争实力的相对关系排列,越靠近右上方的角落,业务就越好。散点图被放大成了"气泡",在这里表示着每项业务贡献的利润。

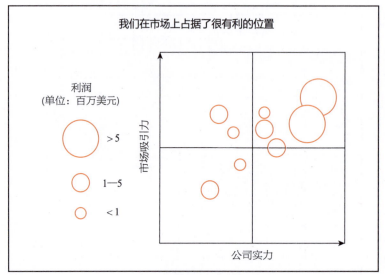

图例2-78

图例2-79使用图例2-78中9项业务中的3项以表示随着时间的发展每一项业务的利润率情况。利润率由资产收益率和支出收益率作为相对关系而被度量，将三个业务分别放在三个图表中比将它们同时放在一个图表中要减少很多麻烦。也许你要问：这样做用的图表岂不是更多了？是的！但是每一个图表中的相对性却更加简单明了了。

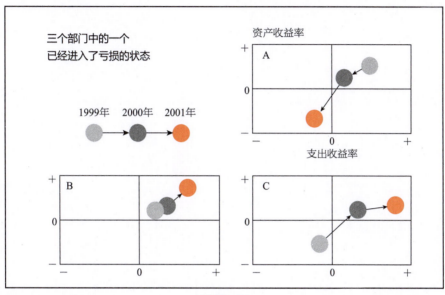

图例2-79

图例2-80，哎呀，我还是就此打住吧。

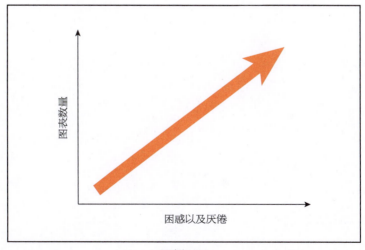

图例2-80

第3章
用概念及比喻说话

寻求解决问题的方案

到现在，我已经向大家介绍了如何将可量化的信息转化成图表形式。但是总有一些不可量化的信息传达需要我们处理，这些信息中包括如交互作用、杠杆、障碍和相互关系，以及表达结构、顺序和过程的信息。

意识到存在这项空白，我和几位很有才能的设计者一起制作了下面几个视觉性图形，它们可以在你的报告、陈述以及文章中使用。图形可分为两种类型："概念性视觉图"，包括抽象的几何图形如箭头、圆圈以及三角；"视觉性比喻"，包括日常能够看到的事物如难题、迷宫以及梯子等。有一些能够让你充分利用这些图形的建议。当你寻找所需要的视觉图形时，就从这个图片集开始研究吧。在某种意义上，视觉图形是解决问题的方案，没有哪种方案完全正确或错误，或者说是好的或坏的，任何视觉图形是否合适都取决于你所想阐明的信息——它由你决定。

在你寻求一个信息交流问题的视觉性解决方案时，可以从左到右地看下面几个图形，然后试试从不同的角度观察会发现什么问题。你可以简化、扩展、增加图形，也可以修改、摆弄和演化图形——简单地说，让它们符合你的需要。一旦选好了图表，并在图表的周围或中间添加好了文字，信息就将归位。来看看下面这些例子。

结构图

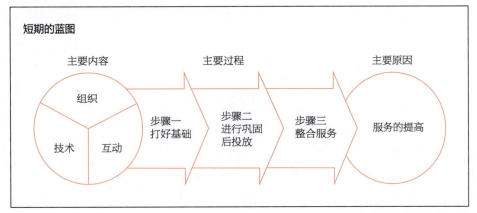

图3-1

合力作用

图3-2

相互关系

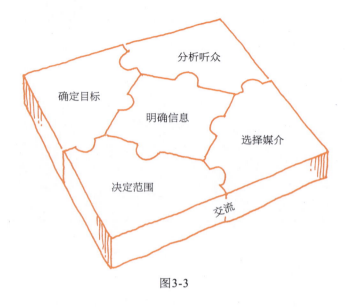

图3-3

不要从一开始就固定思维。多看一看，细心琢磨，你才能找到合适的图表。假设你要将以下的各项进行视觉形象化：

计划阶段

1. 计划方案
2. 开始启动
3. 研究解决
4. 陈述建议
5. 实施行动！

这里有9个你可选择作为将过程形象化的例子，选择哪一个取决于哪一个能将你的信息表达准确。

顺便说一下，就像其他的视觉图形那样，这些图表对于不同的人会有不同的理解。因此，我建议你与你的同事一起将这个视觉性检验一下，确定它能否准确地表达你所想表达的概念，并且测试一下同事们能否理解你所想展示的信息。

然后，你会发现一个范围很广的"解决问题的方案"。我将它们分为两组：视觉性信息以及视觉性比喻。本书附带的配套资源(工具箱)提供了这些解决方案，这样你就能简单地将它们粘贴在你的文件中。祝你用得愉快!

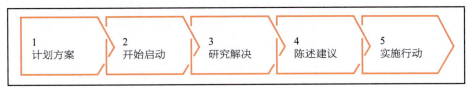

图3-4

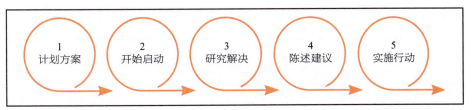

图3-5

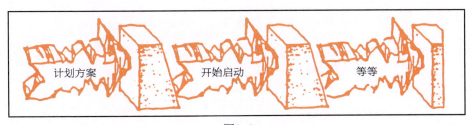

图3-6

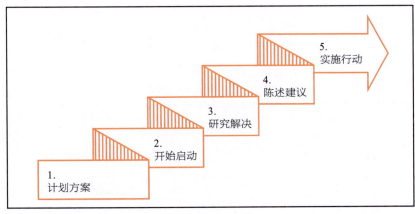

图3-7

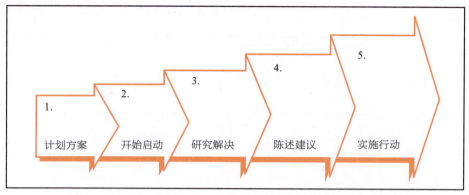

图3-8

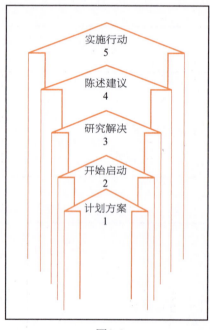

图3-9

图3-10

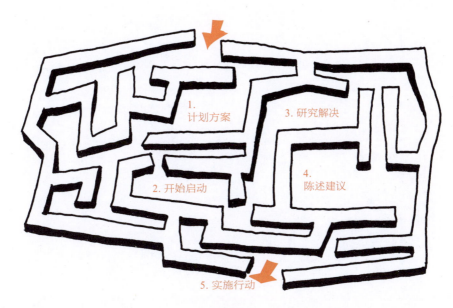

图3-11

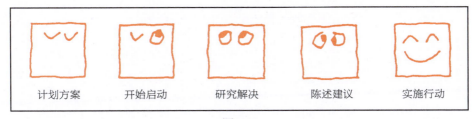

图3-12

解决问题的方案：可视概念

线性流动

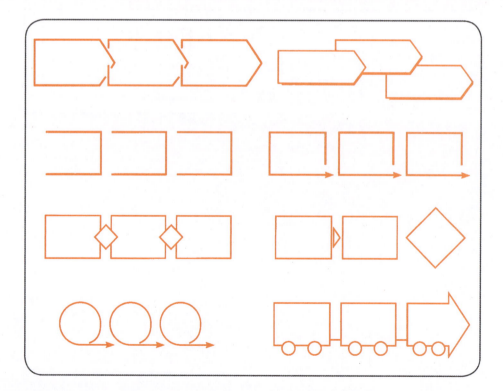

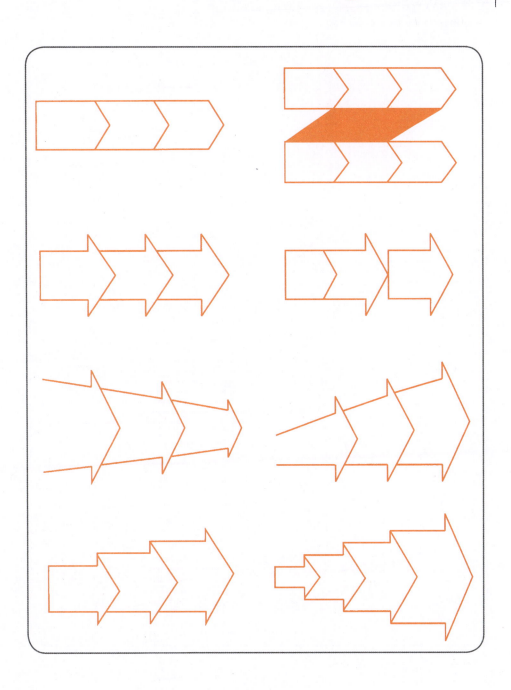

用图表说话：麦肯锡商务沟通完全工具箱(珍藏版)
The Say It with Charts Complete Toolkit

垂直流动

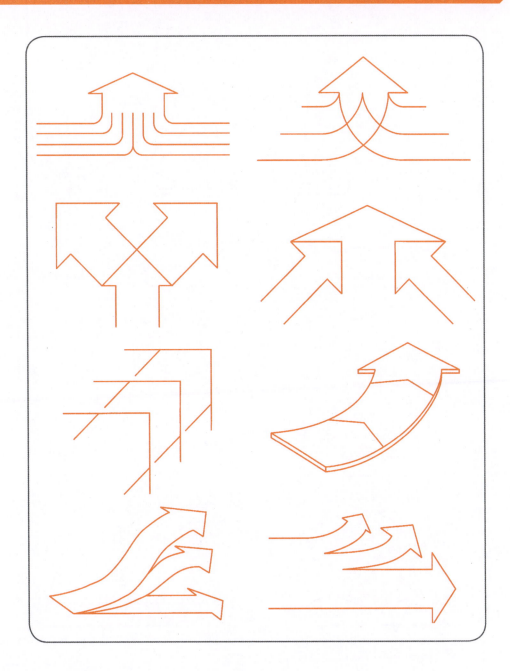

循环流动

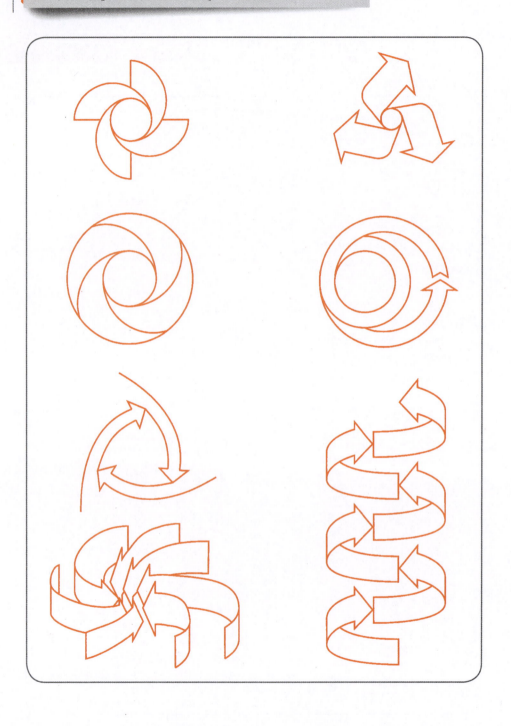

相互作用

第 3 章　用概念及比喻说话

合力作用

第 3 章　用概念及比喻说话

方向改变

第 3 章 用概念及比喻说话

杠杆作用/平衡

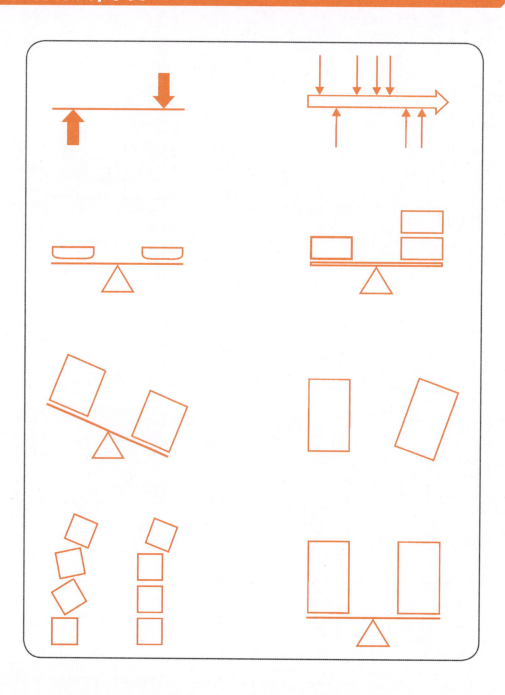

第 3 章　用概念及比喻说话

渗透/阻碍

过滤/筛选

第 3 章　用概念及比喻说话

用图表说话：麦肯锡商务沟通完全工具箱(珍藏版)
The Say It with Charts Complete Toolkit

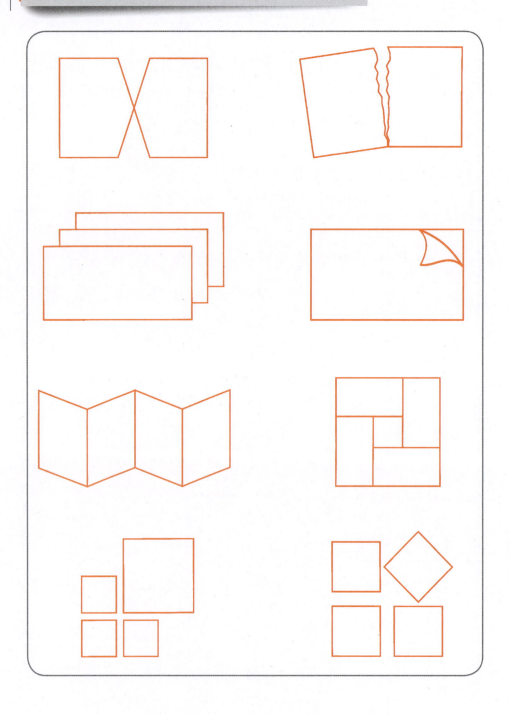

第 3 章　用概念及比喻说话

过 程

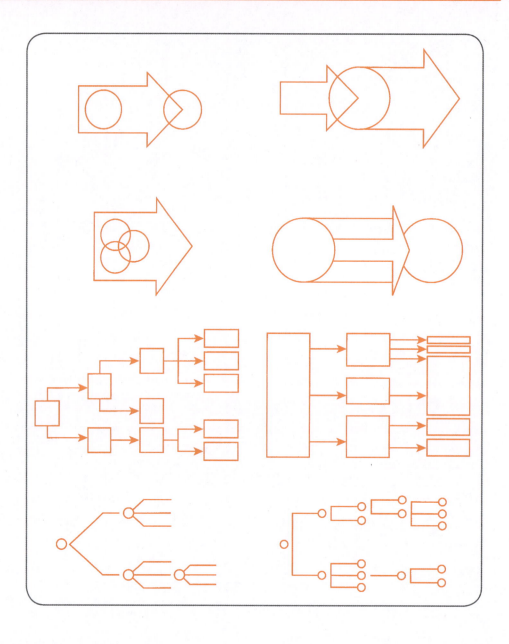

分　割

152

用图表说话：麦肯锡商务沟通完全工具箱(珍藏版)
The Say It with Charts Complete Toolkit

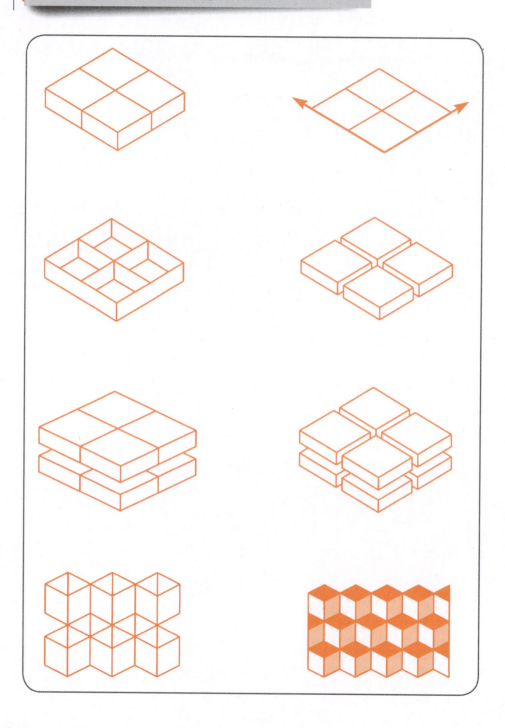

解决问题的方案：可视比喻

游 戏

第 3 章　用概念及比喻说话

体育运动

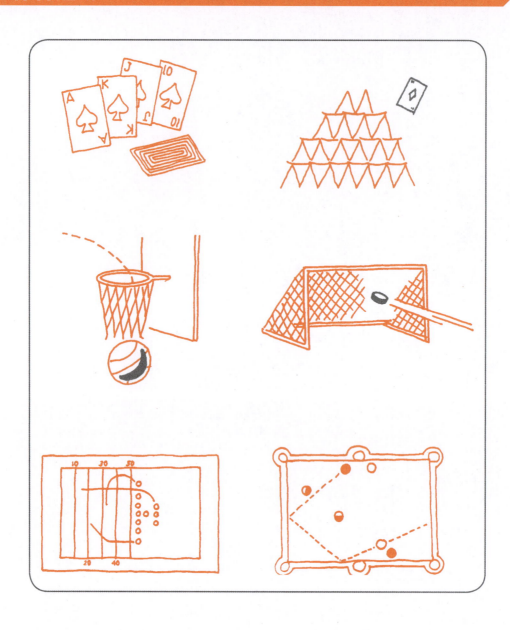

第 3 章　用概念及比喻说话

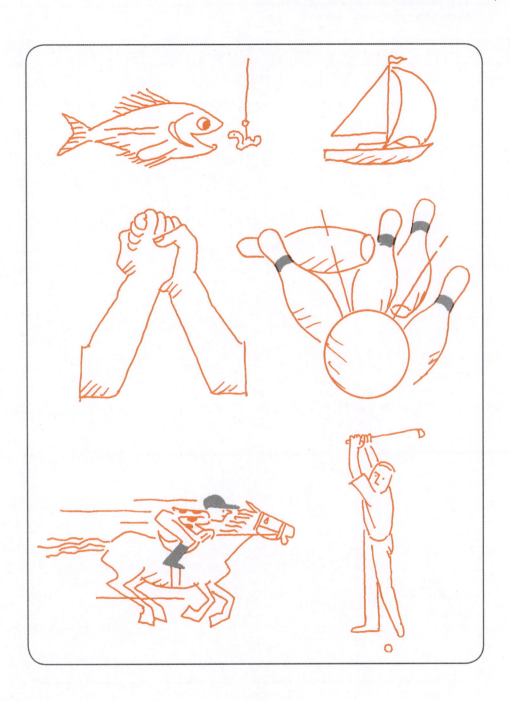

拼图、迷宫

第 3 章 用概念及比喻说话

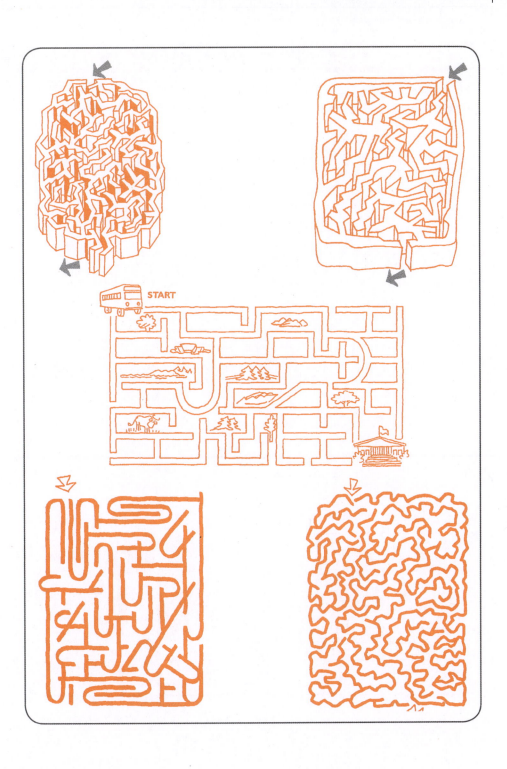

视觉上的错觉

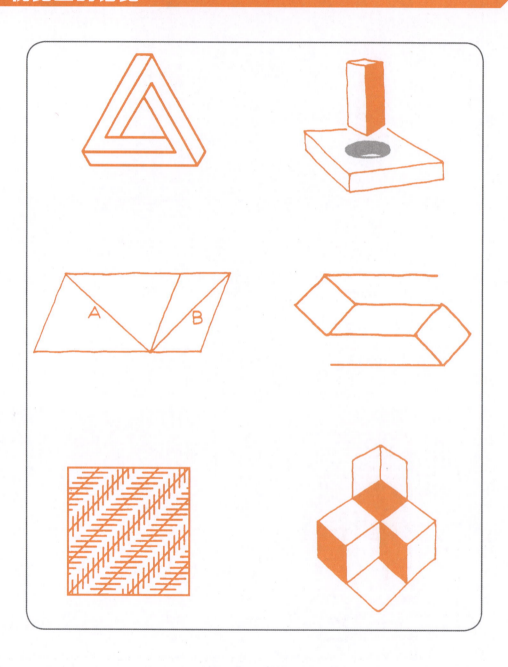

第 3 章 用概念及比喻说话

阶梯与台阶

绳索及其他

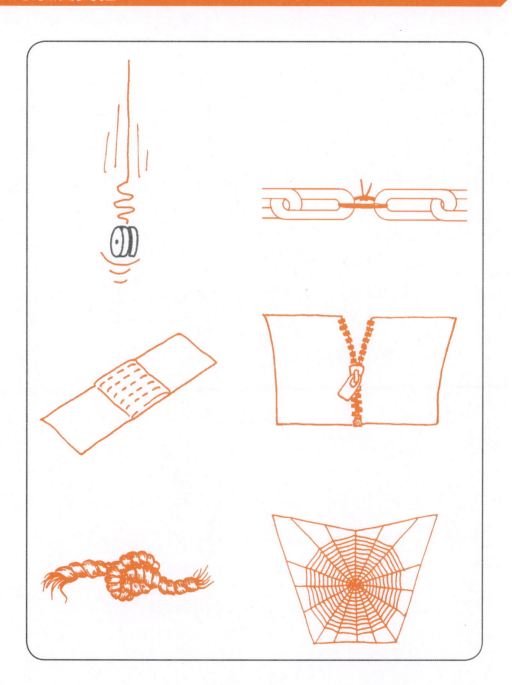

标点符号

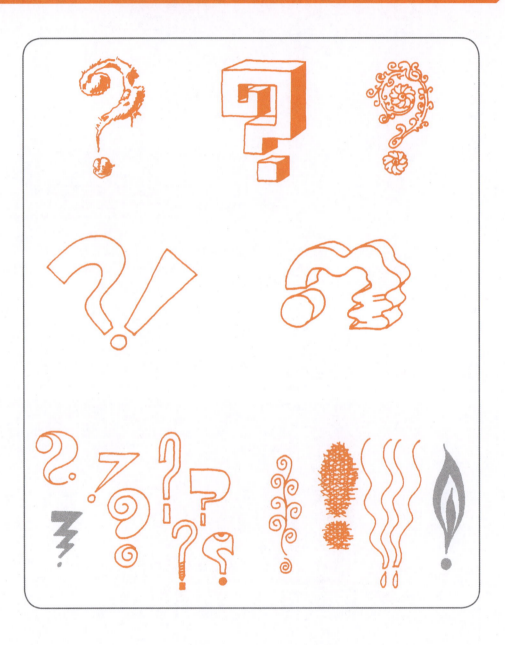

文字

水滴及雨滴

办公用品

出 行

第 3 章　用概念及比喻说话

远 程

其 他

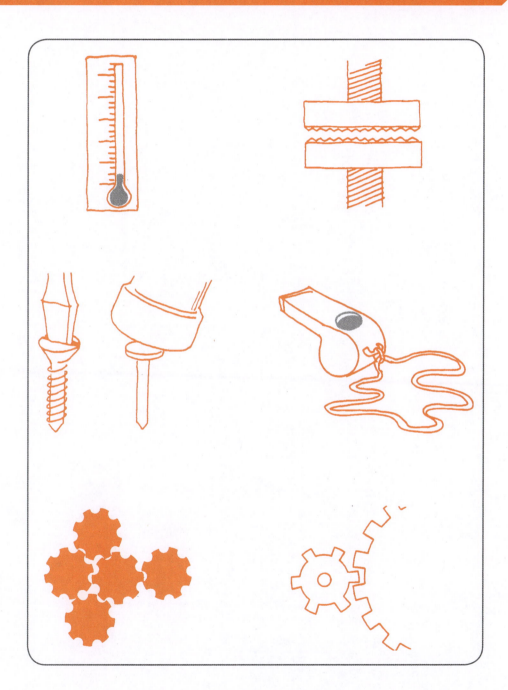

第4章
玩转图表

迄今为止，在需要将一定量的视觉信息形象化的时候，本书已经教给你如何选择正确的图表形式，介绍了相关的视觉概念以及视觉比喻，而且可以解释含有不定量信息的图表。但是，如果你想真正心领神会地使用图表的技巧，必须花一定的时间，练习、练习，再练习。这就是我写这一章的原因。

这一章有三个主要内容：

- 介绍我从实际工作中收集到的一系列商业图表；
- 你将遇到如何改善它们的挑战；
- 改善它们并且使之用起来更加快捷与清晰。

读者在这一章中遇到的挑战是，克服直接看本书参考答案的诱惑。也就是说，我鼓励你研究图表并且在空白页面上画出草图以便改进。然后，再翻到答案页将你的意见与我从真实案例中得出的结论进行对比。

经过这些挑战后，你将会明白我的答案并不一定是最好的。实际上，我坚信你的答案会和我的一样好。特别要强调的是，要从客观的角度来决定应该如何改进。

同样，要知道没有谁强迫你做这些习题。你可以从任何一个地方开始。从深浅不同的层次进行研究，或在同一个例子上下工夫，直到想出来新的主意。在做完少数习题后，你会领会"玩转图表"这一部分很有意思。

刚开始阅读这一章的时候，你会注意到这些例子的排列方式非常混乱。我这样做是为了让你保持警惕。在刚开始阶段，为了给你一定提示，我将会提供几种既包含了定量信息又范围广泛的解决方案。

这些解决方案并不能包罗万象。我称它们为：

- 越简单越好；
- 越多越好；
- 差异越大越好；
- 越有创造性越好。

看看下面几页中这些解决方案的例子。

越简单越好

在这个解决方案中,我们删除了所试图表达信息的一些细节。这一过程其实并不容易,因为你总是不由自主地想给予听众尽量多的信息。

问题是,这样做将迫使你陈述过多的信息,而实际上陈述过多的信息对听众的吸引力很小。

"越简单越好"的解决方案需要你针对信息用心思考,你是需要将信息编辑调整呢,还是将信息删除。

这里就有一个例子(如图4-1所示),图表支持PVC(聚氯乙烯)是最廉价的聚合物这个观点。在这里,你很快就可以看出支持这个观点的数据过多。这对于一个存在于纸上的文件来说没有问题,因为供读者进行阅读的时间不受限制。但是如果你将这个图表带给听众的话,也就是说在大屏幕上演示,那么就应该对内容进行大量的简化处理。

- 我们需要用两种度量单位来反映同一条信息吗?一种是美分/磅,另一种是美分/立方英寸?不,没必要,只要用美分/磅就行了。
- 我们必须在每一个条形图的末尾处都显示出数据吗?不,用刻度显示出这种关系就足够了。

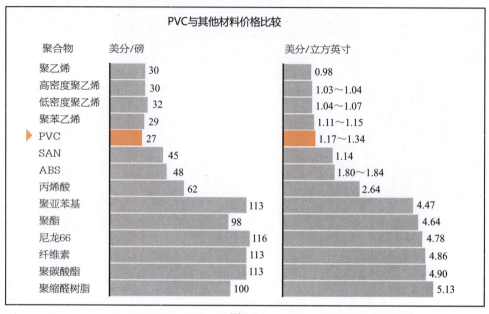

图4-1

除了上述两点能够使图表更加简洁外,我还改变了条形图的顺序(如图4-2所示),将它们从高到低排列并展示出PVC(聚氯乙烯)的位置。这个数据更少的新图表可以将人们的注意力集中在PVC(聚氯乙烯)的成本要比其他所有聚合物都低这一点上。

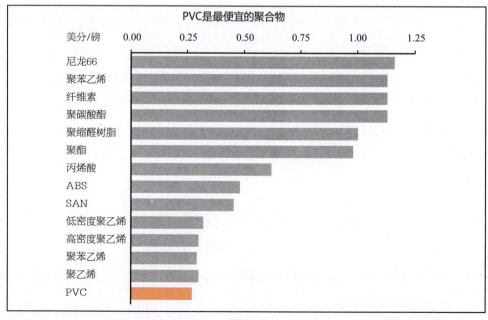

图4-2

越多越好

在这里,我们制作了多重的图表来展示用一个图表不能表达的复杂信息。

有时候,如果你的目的是描述细节,那就不要使用"越简单越好"的解决方案,否则在你的陈述中就必须保留在图表中打算排除的细节。所以你必须死记硬背许多材料,企图借此向你的听众解释清楚。

这种解决方案并不是要排除陈述描述细节,而是将信息细分到图表中并且让它们更有利于读者理解。当然,这会增加你的陈述页面数量,但是不管怎样,牢记这句话:

"在一张幻灯片中陈述5个观点与在5张幻灯片中陈述一个观点所花的时间相同。"

下面这个例子(如图4-3所示)论证了我所想表达的观点。第一个视觉图形可显示出这些信息如何在纸上被安排。如果你只是在纸上将它们简单分配的话,我赞同你,纸张会起到作用。因为,在这种情况下,由读者操纵着这种交流。他将会有足够的时间来反复阅读所有这些信息。

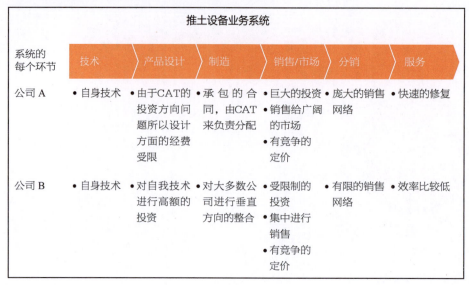

图4-3

但是,如果是在一个屏幕上,是你,发言者,在掌控交流的进程,这时我建议你使用6张清晰的幻灯片,在每一张幻灯片中针对竞争对手的做法与业务系统的环节进行比较(见图4-4)。

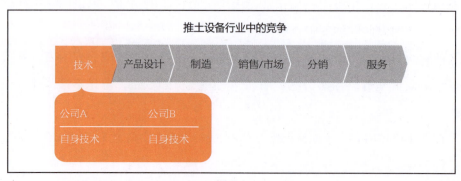

图4-4

这种方法的另一个好处就是听众能够将注意力集中在一个观点上,就像陈述中你打算做的那样。这样就可以降低部分听众会将注意力集中在你所讨论范围之外的其他视觉图形上的风险。

它还有另一项好处:因为每一个视觉图形的信息都减少了,我们就可以使用一个具有更大尺寸的幻灯片以保证它的易读性。

差异越大越好

在这个解决方案中,我们完全摒弃以前使用过的图表,换用一种完全不同的形式——一种更加适用于表达我们想传达的数据的形式。

请看图4-5,第一个图看起来很简易,但想要判断出它的信息却很难。你能够在不阅读柱形图顶端的数据的情况下计算出某个国家的利润是上升还是下降的吗?同样,对这些国家进行的排列是否具有合理的逻辑性呢?

想要处理这类图表,重新阅读本书一开始提到的矩阵以及决定选择图表形式有关内容,会对你很有帮助。在这种情况下,我们比较的是随着时间变化的6个国家的利润差额。对"时间相对关系"来说通常最合适的就是柱形图,但是如果你将它转换成折线图的形式,使用一个更大的刻度,将每个国家以降序排列,那么这种趋势就会更加清晰(见图4-6)。现在你的听众能够很快看出哪个国家拥有最高的差额,总的趋势又是怎样。

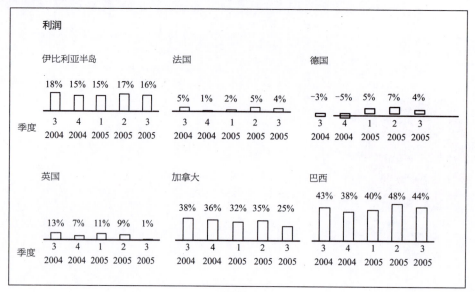

图4-5

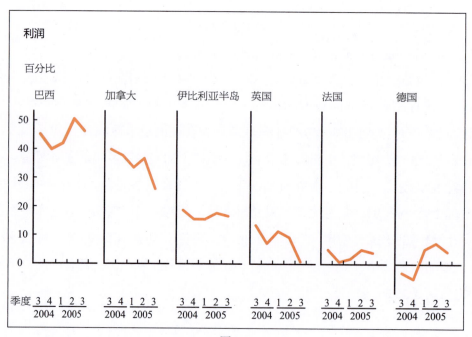

图4-6

越有创造性越好

首先我要指出，有时，一个幻灯片的基本文本就是需要传达的信息。从另一方面说，有创造性的视觉图形能够让你把故事讲得更加生动有趣，并且因此加强听众的理解，这就是本解决方案的宗旨。

这里有一个计划商业演示的推荐步骤列表(见图4-7)。因为，在这种情况下，这些步骤没有特定的顺序，而且每一个步骤都相互独立，所以我认为图形有助于理解这些步骤。

你也可以使用一些复杂的图形作为列表的一个项目或者是"追踪页"来帮助指导你的听众理解这几节的内容。你一步一步地递进，增加每一个部分的难度，然后，在最后展示出难点，这样就有效地总结了你的主要观点(见图4-8)。

用演示说话
指定目标
分析听众
决定信息
决定范围
选择媒介

图4-7

用演示说话
分析听众
指定目标
决定信息
选择媒介
决定范围

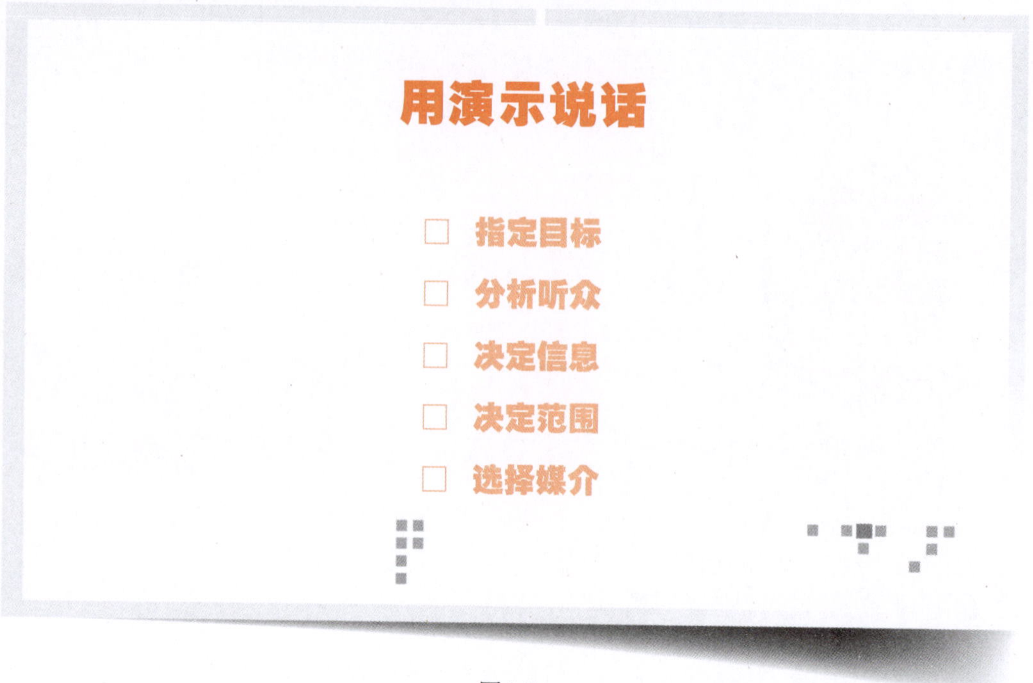

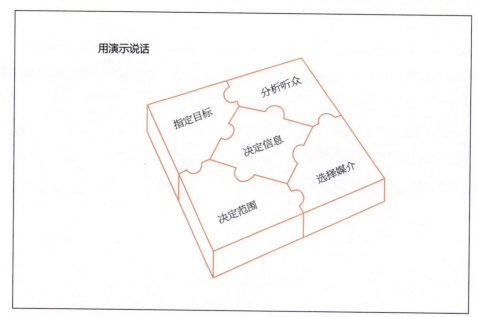

图4-8

练习:

现在
该由你来

啦!

练习1

传统材料的应用市场

百分比

材料	市场										
	飞机/航空	娱乐/消费	汽车/交通	工业/机械	电子/电气	石化	建筑	管道	包装	黏合	家具装修	其他	总计
PVC	--	4%	3%	--	8%	--	64%	--	10%	2%	6%	3%	100%
PP	--	15%	7%	--	8%	--	--	--	22%	--	24%	24%	100%
高密度聚乙烯	--	10%	5%	4	4%	--	10%	--	52%	--	3%	12%	100%

你的方案

差异越大越好

先来看第一张图,我们假设内容以及它的信息都已经被深思熟虑地构思过,但是不论什么原因这个布局设计都是难以辨认的。

既然要使用图表,就应该让图表足够清晰,那么你认为应该怎么做才能使图表足够清晰呢?

你可以将那些不显示任何数据的柱形图删除。但是恕我直言,那样做作用不大。另外一种我经常能够见到的解决方案是另外再使用一张图表。但如果那样做的话占用的空间会比表格更大,所以这些并不算好的解决方案。当然你可以将表格分开并分成两个水平方向的行,甚至更麻烦一点,将它们分成几页。

其实,在这种情况下,我们可以采用平时想不到的一种简单的解决方案:只要把表的行变成列,把列变成行就可以了。这就是我最有可能使用的方法,你可以看到采用这种解决方案后,图表比原来清晰了多少倍。

传统材料的应用市场

材料 市场	PVC	PP	高密度聚乙烯
飞机/航空	—	—	—
娱乐/消费	4%	15%	10%
汽车/交通	3%	7%	5%
工业/机械	—	—	4%
电子/电气	8%	8%	4%
石化	—	—	—
建筑	64%	—	10%
管道	—	—	—
包装	10%	22%	52%
黏合	2%	—	—
家具装修	6%	24%	3%
其他	3%	24%	12%
总计	100%	100%	100%

作者的方案

练习2

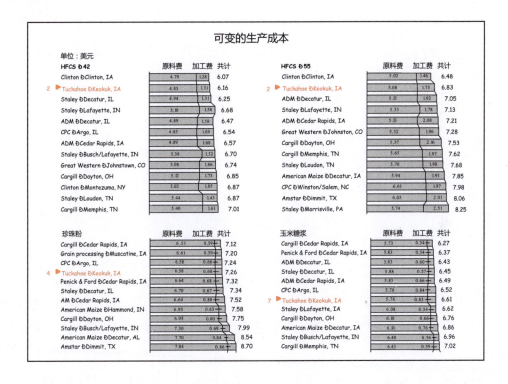

你的方案

越简单，差异性越大越好

有时，针对细节性图表快速、明确的解决方案，是忽略那些对清晰度没有帮助的因素，仅仅减少细节的数量而突出你的报告中最重要的成分就会对你有很大帮助。

看下面的文本演示："这个图表展示了Tuckahoe公司的4种产品中，降低可变成本方面有三种产品取得了不错的成绩。在HFCS-42以及HFCS-55方面，它的成本只排在第二位。但是，在玉米糖浆方面，成本却排名第七，并且存在可观的成本差异，这表明仍然需要寻找降低成本的机会。

在含有图片的演示中，最明显的解决方案是针对每一种产品单独使用幻灯片。因为，每一幅条形图都含有13幅水平的条形图，公司的名字都很难辨认。而且将它们做成4个独立的页面也使观众很难比较这4种产品。

在这种情况下，答案就是："将信息形象化，而不是把它们弄乱。"在这里主题的关键因素就是业绩与Tuckahoe公司的排名。我们使用一些柱形图的排列来展示整体的发展趋势，以及4种产品中最好与最差的业绩之间的成本差距。在这里，每一列的长度都相同，这样它们可以使用一个指数型图表进行表述，也就是说，这种扩展等同于100点的成本差异。我们通过展示最好与最差的业绩来表述Tuckahoe公司的排名。这些信息被包含在一个清晰而且容易辨认的图表中。如果你感觉有必要保存细节数据，那么只要把你的原始图作为稿件的一部分进行分配就可以了。

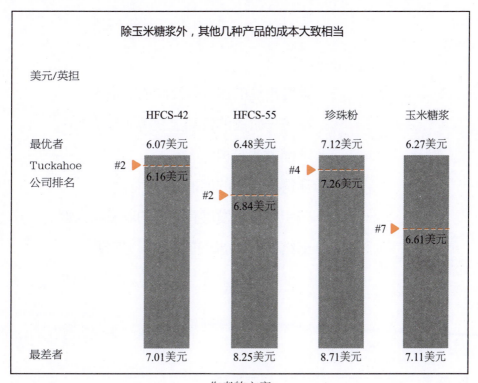

作者的方案

练习3

Q-循环　转换主题

- ☐ 地区市场的占领以及国内的增长
- ☐ 在第一阶段的行动上获得初步成效
- ☐ 巩固财政结构
- ☐ 赢得消费者的拥护
- ☐ 吸引并逐步发展有潜力的消费者人群
- ☐ 最终使得Q公司的发展得以实现

你的方案

越有创造性越好

我花费了相当多的时间来撰写本部分,我认为本部分的效果值得我这么做。

这个解决方案源于我上次看到的一个排在列表末端公司的名字。开头字母是"Q",这篇文章也被做成了字母"Q"的样子。

Q-循环 转换主题

作者的方案

很明显在这里需要大写"Q"来支配整个图形。我可以将之看成是一个射击靶盘,所以最重要的部分就在图表的中心,然后我将另一个主题放在大写"Q"的最底端,以此来增强图形的动感。

经常有人问我是怎么想到这些主意的。我的回答是:和其他所有事情一样,你越针对你的创造力进行练习,你的技巧就越熟练。所以你要练习、练习,再练习!

练习4

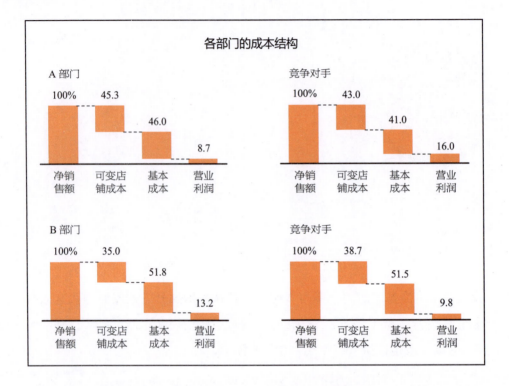

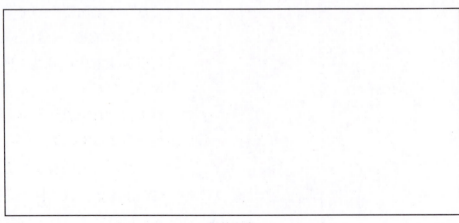

你的方案

差异性越大越好

瀑布型的图表在这里再一次起到了作用，但是这一个比前一个占用了我更多的时间。

在这里我们对刻度尺寸进行了压缩，这使得图表中的差异很难估测。另外，柱形图最底部的标签也是多余的。最重要的是，这个图表并没有达到它的目的——使你的听众能够比较两个公司的两个相同部门。

通过将成分放置在百分比柱形图中，我能够使用一个更大的刻度尺，我可以限制标签的数量，并且用一种更为简单的相对关系对这些数据进行重新排列。

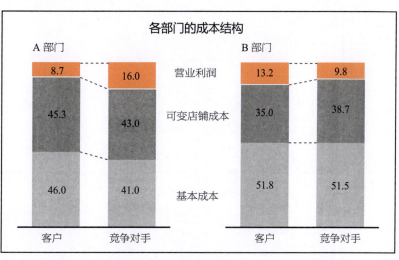

作者的方案

练习5

A公司与其他竞争对手比较

百分比

对比项目	公司A	公司B	公司C	公司D	公司E
食物的味道品质	60%	76%	68%	78%	54%
使用质量最高的配料	50%	63%	53%	71%	43%
提供宾至如归的服务	54%	61%	43%	48%	49%
菜肴按照顾客要求制作	61%	65%	60%	69%	64%

你的方案

差异性越大越好

我承认存在一些商业团体，他们能够"吸收"一些列表式的数据。也就是说，他们能关注到一系列的数据，并且很快理清它们所呈现的趋势。但是，正如我在前面所阐述的那样，数据代表着关系，而图表也说明了这一点，就像这个例子表现的那样。

在这种情况下，通过标识出从最高到最低的排序并进行归纳，我们就能更快地看出公司A的排名，并且没有必要解释列表中所有的数据。

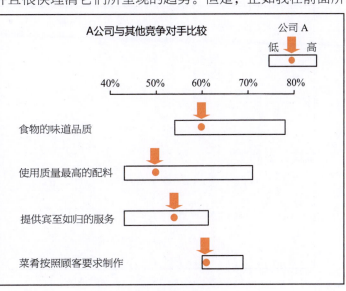

作者的方案

练习6

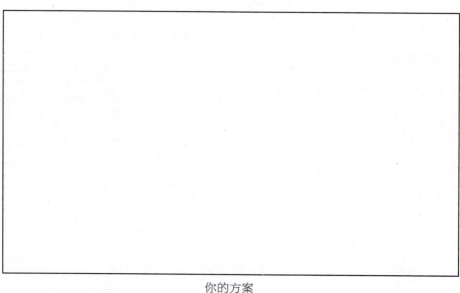

 你的方案

越有创造性越好

从表面上,我们很难看出为什么要修改原图表,毕竟,它在区分成熟市场与新兴市场方面有很大的作用。

然而,对我来说,文中"区别"这个词使我感觉这个解决方案是几个方面综合的结果——也就是你看到的第二个图表。

额外收益应该在设计上看上去更加具有吸引力,它与我们平常看到的演示相比显得更加突出。

成熟市场与新兴市场之间的区别

推荐解决方案
- 能够系统地借到高额的贷款
- 拥有协助进行数据收集以及决策的工具
- 每一个相应部门都要全力支持

成熟市场
- 问题在可控范围内
- 银行在风险范围内的操作
- 运用实践以及相应的政策来确保信息的准确性
- 对风险源头的了解

与

新兴市场
- 估计仍存在大量的问题
- 仅依据数量以及净利润来评估价格
- 相应信息并不可信/准确
- 对于风险的服务一无所知(也就是复杂的交叉控股)

作者的方案

练习7

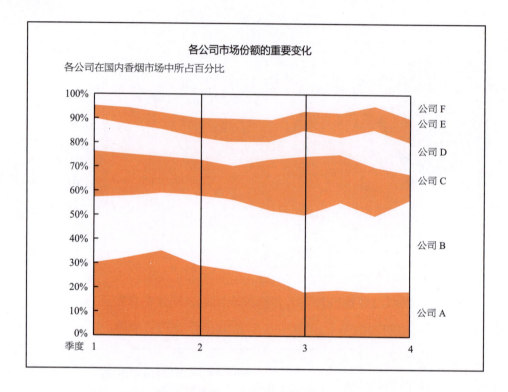

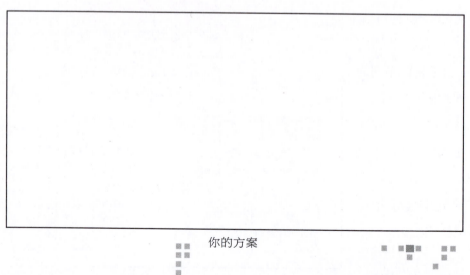

你的方案

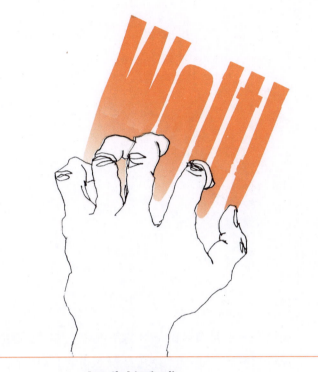

抵制诱惑
不要偷看

记住，你的方案
也许比作者的

更好

差异性越大越好

鉴定图表是否有效的最好方法就是看你的图表能否清晰地表达文章中的信息。

观察下页第一张图，我并没有"清晰明显"的感觉。

我确实看到了公司A的市场占有量逐年下降，因为它是以平直的基线进行测量的。但是其他公司呢？

你会认同它们以各自的基线进行测量而显现出来的差异吗？注意，通过压缩时间刻度并更好地利用规划空间，我们就能够使用更大的刻度来反映"明显"的差异了。

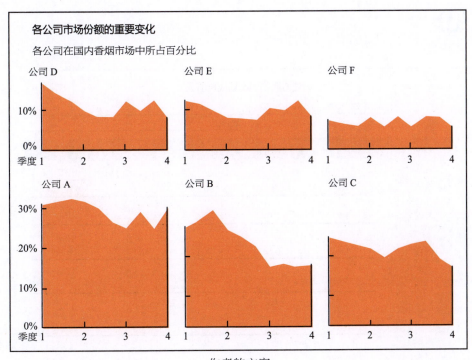

作者的方案

练习8

处方药物的市场成长情况
混合年均增长率的百分比数据变化

市场	数量	价格	属类	创新/其他	共计
美国	1.7	7.9	-0.5	3.6	13.2
德国	1.0	1.0	-0.6	5.0	6.5
英国	1.8	0.8	-1.1	9.2	10.8
法国	3.4	-1.5	-0.1	10.0	12.0
意大利	0.8	1.1	-0.2	15.6	17.6
日本	5.0	-0.4	0.0	5.3	6.2
共计	3.2	1.2	-0.3	5.7	10.0

你的方案

差异性越大越好

　　这里有一个数据图形几乎没有任何差异的例子,见下页第一个图。它致使图表很难读懂,且刻度也被压缩。

　　在这里,我将这个整体放置在一个垂直的条形图中,然后将余下的数据放在各自国家下面的列表中。使用这种方式,我们可以看到增长量的排名,然后在另一个有更多空间图表中研究造成这种变化的原因。

　　顺便说一下,柱形图的顺序是否可以用上升或下降的顺序排列,这要看你目前面临的具体情况。这个"项目的相对关系"不仅可以用一个水平的条形图进行处理,灵活变通一点,我们还可以使用垂直的条形图。

　　这个图表提供了一个很好的但我们平时却不太注意的解决方案。我们总是感觉应该将数据填充到条形图、柱形图或者是其他的图表当中,但无论什么图,最关键的就是将之"表格化"。

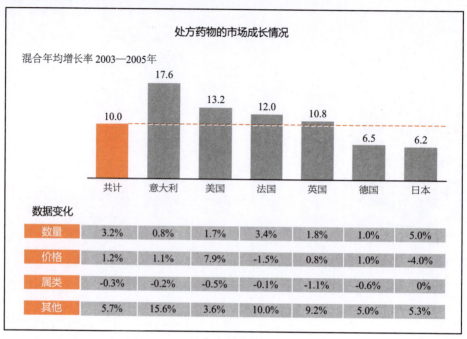

作者的方案

练习9

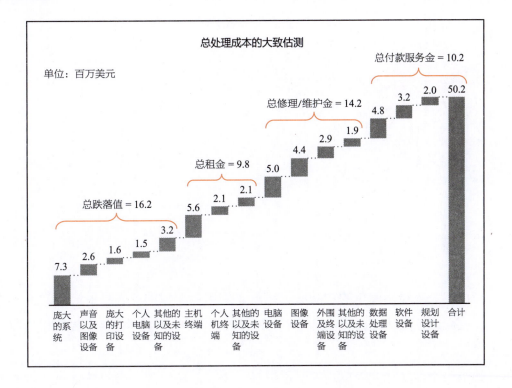

你的方案

差异性越大越好

当用图表来展示简单的加减法关系时,使用瀑布型的图表是很恰当的。不这样做,就会印证设计图表的坏习惯中的第一条:"没有我们不能将之复杂化的简单事物。"

如第一个图,你能看出来吗?这只是一个展示每一部分是怎样合成整体的饼图?如果要给每一个成分编号的话,饼图不起任何作用,因此,我们应该把它们制成项目相对关系并做成4组条形图。

你可以使用一个更大的刻度以区分这些数据。要注意怎样才能使图注变得更加容易理解,现在它们已经不再受柱形图的宽度的限制。

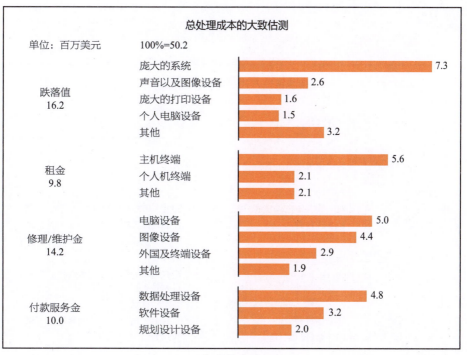

作者的方案

练习10

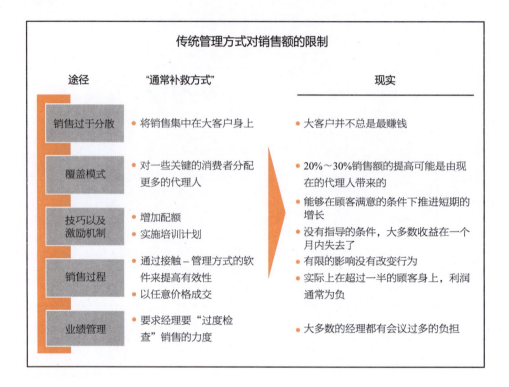

你的方案

越多越好

我有理由相信你现在已经能很快地说出怎样处理这一张图表了。

之前，这个图表作为一个分发材料在一张单独的页面上发挥了很好的作用。

但是如果是在屏幕上用演示的方法表达，不管迫使你减少幻灯片的压力有多大，你都要将它们制成多张幻灯片并将标签集中，以避免听众阅读时遇到困难。

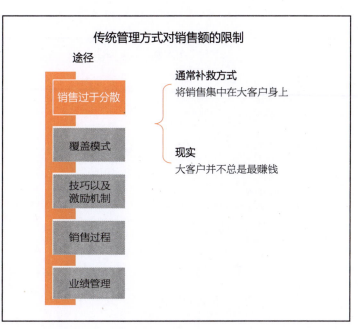

作者的方案a

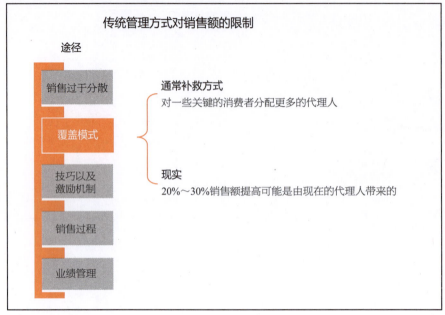

作者的方案b

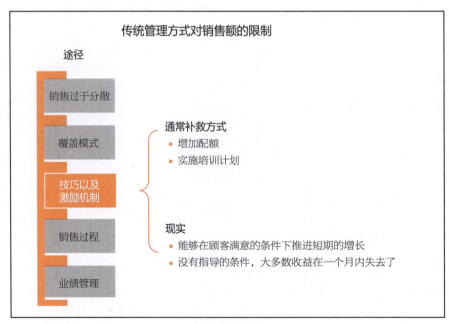

作者的方案c

练习11

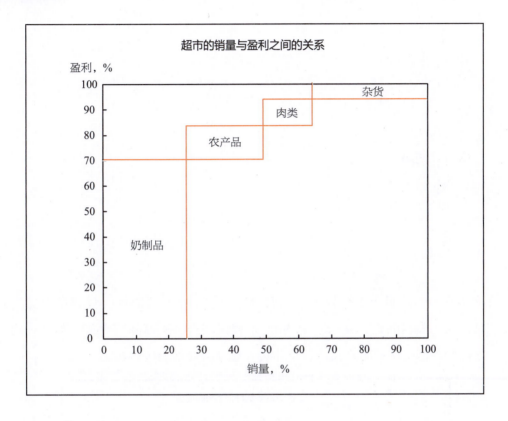

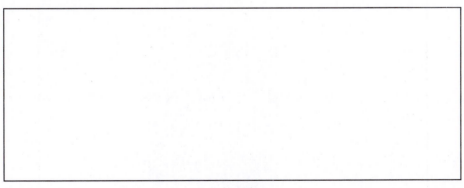

你的方案

这个图表虽然看上去很简单,但要真正理解它却需要时间。只要做点努力,我们就能看到其目的是,展示超市的4个销售区域内各种商品的销售盈利百分比。

如果使用两个柱形图来表达这个信息,它就会变得简单得多。

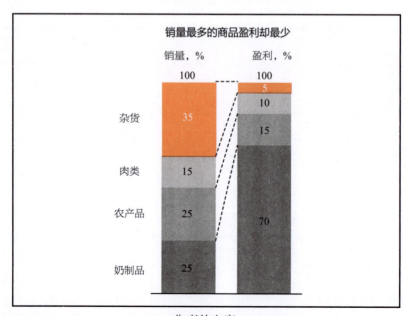

作者的方案

练习 12

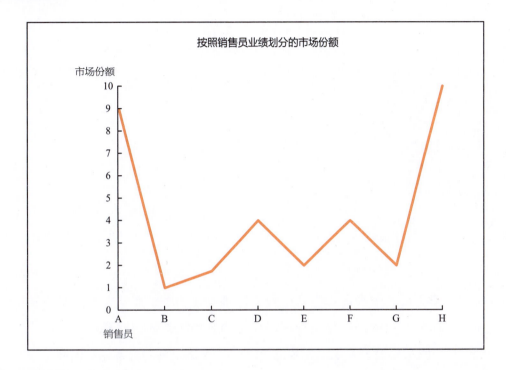

你的方案

差异性越大越好

　　这个例子印证了图表设计中几个首要的规则之一——提供一个快速的视觉印象。图表的标题、刻度以及脚注与这些视觉印象相比都显得次要。

　　当我第一次看到这张图表时，我的第一印象就是市场的份额随着时间在进行疯狂地波动，在经历极其严重的损失后又回到了最初阶段时的水平。

　　当我以更近距离观察这张图表时，我意识到这并不是一个"时间序列相对关系"，而是几个销售员之间相互比较的"项目相对关系"。要注意当换成一张条形图表后，其视觉印象会变得多么快速、精准。

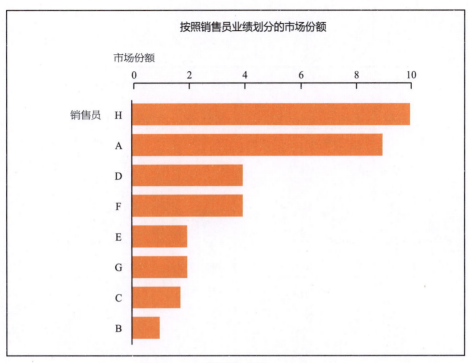

作者的方案

练习13

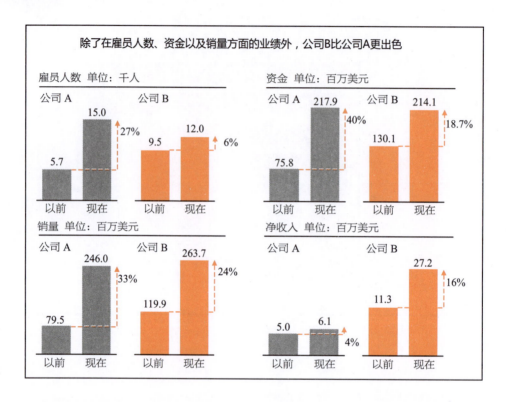

你的方案

差异性越大越好

　　有时，在展示那些我们应该关注的数据时，我们展示的却是错误的数字。实际上并没有那么多雇佣关系、资产、销量和净收入等，但是我们在计算它们时使用的百分比却随着时间变化——在这里，使用的是年均增长率。

　　通过绘制出这些年均增长率，我们能够更清晰快速地看到在信息标题中提及的格局扭转情况。

　　顺便说一下，如果展示的是重要的具体数值，像我们在图表底部看到的那样，那么将它们包含在图表里各自的时间段中是一种很好的做法。

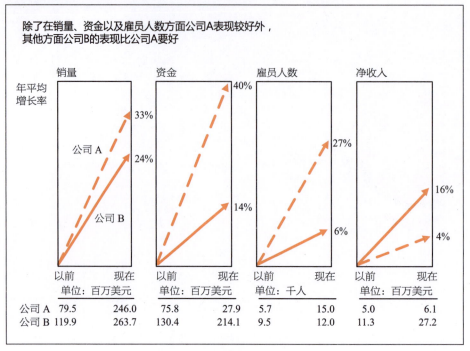

作者的方案

练习 14

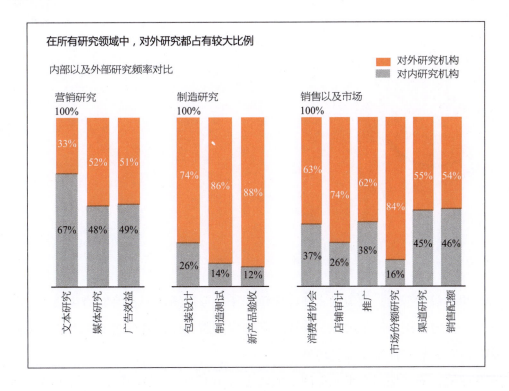

你的方案

　　我想尽最大努力，避免读者在阅读每一个柱形图图注时不停地抬头低头看图注的两端，就像在这张图中那样。同样，我也尽量避免让读者被迫不停地前后反复看才能明白图表与注释怎样对应起来。

　　在这里，通过使用水平条形图来取代垂直条形图，能够给图注带来更多空间，保证它们可以被正常阅读。同样，我们也可以将图注删除，让信息通过图来反映。在这一过程中，我们使用了一张可变化的百分比条形图，用同一条线作为基线，用不同颜色来区分对内及对外，使它们之间形成清晰的对比。

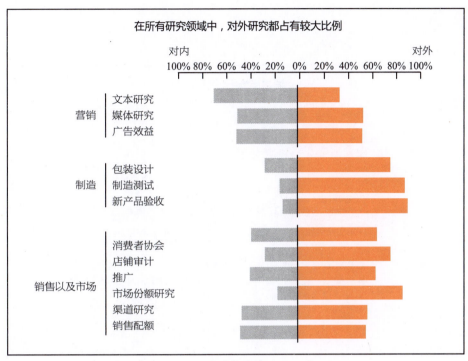

作者的方案

练习15

消费市场细分图

要求
- 廉价家庭电脑
- 使人沉浸其中的游戏效果
- 以及高互动性的电视效果

要求
- 使人沉浸其中的游戏效果以及高互动性的电视效果
- 个人电脑配件
- 强大的家庭办公设备
- 家庭银行

接受技术的能力：高

电脑渴求者
- 50%的人有孩子，只有17%拥有个人电脑
- 45%的人拥有良好的游戏系统

电脑发烧友
- 50%的人在1993年前就有了电脑
- 45%的人开始个体经营
- 45%的人使用电脑进行投资

接受技术的能力：低

对电脑恐惧者
- 55%的人已经超过55岁
- 74%的人不是大学毕业生

电脑跟随者
- 55%的人在1993年前拥有电脑

拥有个人电脑：低 / 高

要求
- 价格低廉，易用的服务设备
- 健康监控

要求
- 多媒体电脑
- 强大的家庭办公设备

你的方案

　　这个图表在演示市场的4个组成部分及其特性,以及各自的要求上能发挥很大的作用,最好是能将其保留存档。

　　如果你正在制作一个在大屏幕上使用的演示,那么一个"越多越好"的解决方案将能够设计出几种视觉图形:首先要介绍4个框图,然后通过第五个框图,展示出原来4个框图详细的特点以及它们反映出来的各自要求。

　　我的日常工作经常要处理一些有很多听众出席的会场材料。因此我们必须迎接更进一步的挑战。正如你看到的那样,我们给予每一部分相应个性的归纳来描述每一个框图,让演讲者能够依据听众的需要自由选择怎样进行具体描述。

用图表说话：麦肯锡商务沟通完全工具箱(珍藏版)
The Say It with Charts Complete Toolkit

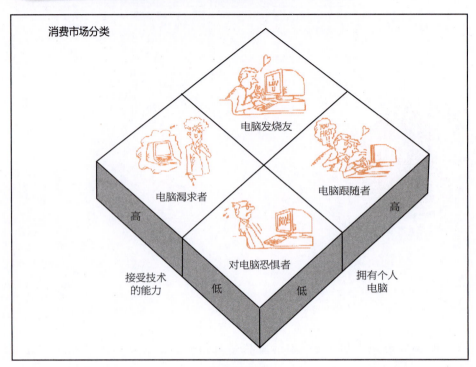

作者的方案

练习 16

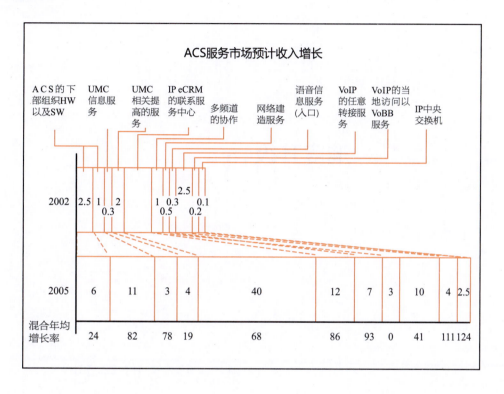

你的方案

 难度升级

坚 持 !

想出更多点子吧！

差异性越大越好
(允许更多的意见)

让我们称这些图表为劣质图表的耻辱聚会，它们不仅难以辨认而且过于复杂。对此，我有两个解决方法。

方案1　复组柱形图显示了各个组成部分的增长。由于全部都是与一个共同的基线对比进行测量，所以有的增长幅度非常明显。

方案2　正如我在方案2上所展示的那样，有时我们将信息保留为图表的形式，这样会更为简单便捷。我已经说过，列表中的数据仅仅表示出图表包含的相对关系。但是，由于数字之间彼此标齐，所以使用列表效果将会更好，也能使相对关系更加简单。如果没有其他的问题，它肯定会比传统的处理方法好很多倍。

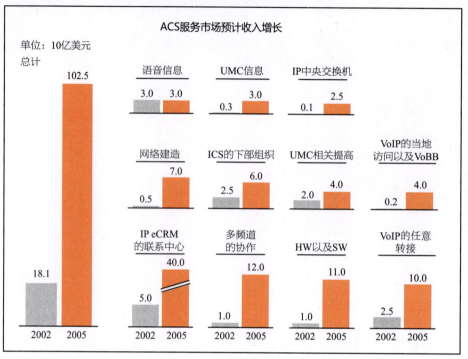

作者的方案1

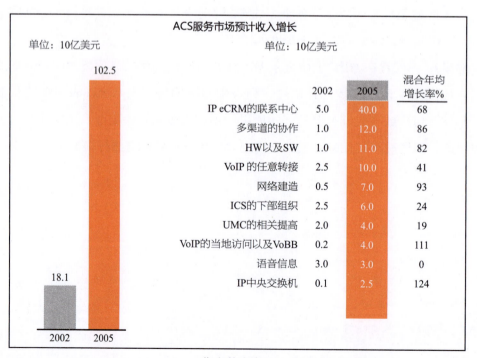

作者的方案2

练习17

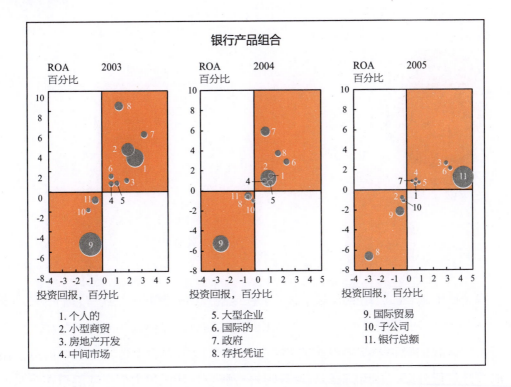

你的方案

差异性越多
越大越好

　　看到这个图表后就想要放弃？为了掌握这些冗杂的数据……还有它们的大小变化……三种时间水平线……进而指出这张图表的信息，你会做多大的努力？

　　正如从我的解决方案中看到的那样，一个可取的方法就是，将这个信息按照它的成分进行分离，并用5张幻灯片分别进行演示。我已将它们全部展示在一张图中，将其直接作为分发材料。在众多听众面前展示的大屏幕上的演示中，你可能想将前两个幻灯片同时展示以解释下面的图表，然后再同时放映出后三个幻灯片，并且连续放映以确保其可被读者理解。

　　前两张图解释的是矩阵图以及图表的理解方法。后面三张展示的则是如何使得那些没有变化以及在三年中失去原本位置的市场变得更加有利化。

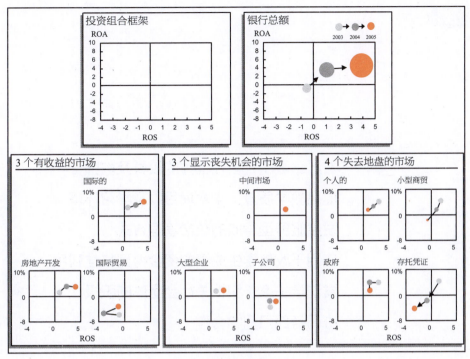

作者的方案

练习18

为公立学校争取权利

- ☐ 发展、吸引并留住优秀的校长及教师
- ☐ 提高教学质量、学术项目以及学习环境
- ☐ 发展服务型导向的教学管理方式
- ☐ 使用于改进学生成绩的资金得到最佳利用
- ☐ 发动学生家长和相关社会团体的积极性
- ☐ 协调各部门间的合作

你的方案

我将这点放在最后，只是为了提醒你，有的时候，要想寻求有创造性或者是有趣的图表，可以去第3章里找标题为"寻求解决问题的方案"那一节相关内容，在那一章里，有很多概念性的图形。

尽量使用我提供给你的图表吧！

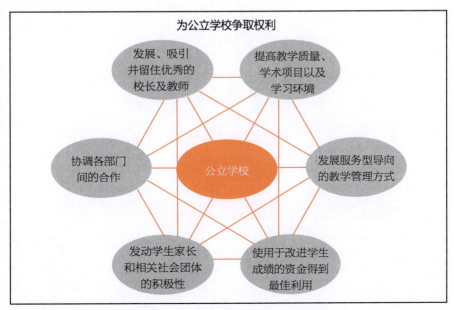

作者的方案1

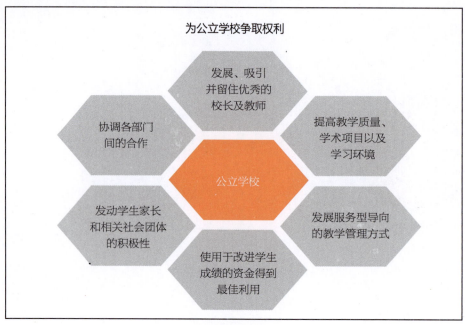

作者的方案2

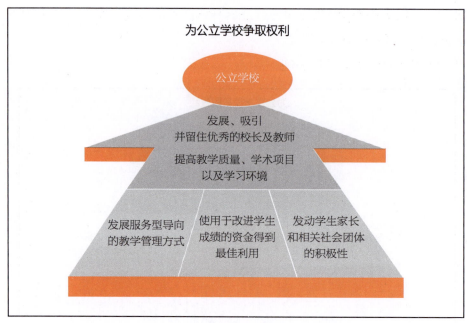

作者的方案3

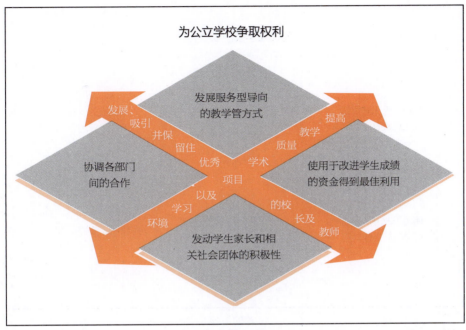

作者的方案4

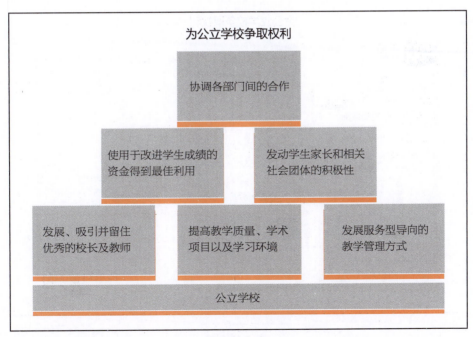

作者的方案5

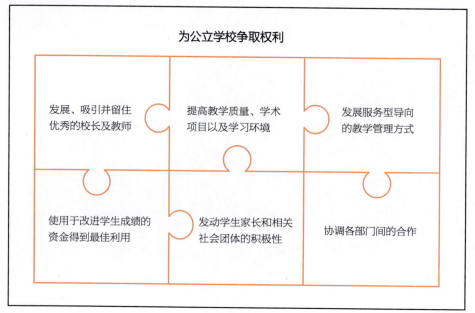

作者的方案6

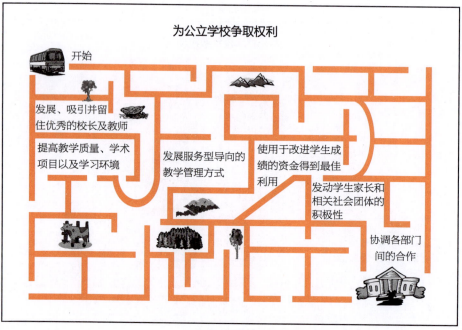

作者的方案7

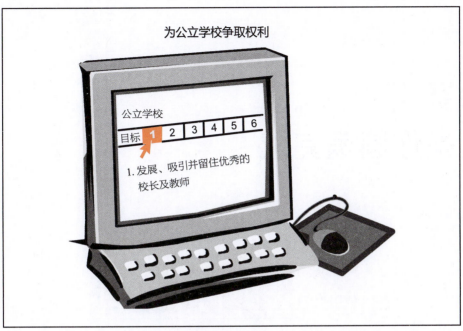

作者的方案8

作者的方案9

恭喜你！
这是你圆满完成

的结业证书！